PUUR PASCALE 2

beter eten is beter leven

PASCALE NAESSENS

LANNOO

inhoud

Tip: De recepten zijn voor twee personen, tenzij anders vermeld.

Oventijden: De aangegeven tijden en graden in dit boek zijn voor een heteluchtoven. Wie een elektrische oven gebruikt, zet de temperatuur best iets hoger of bakt tot 25% langer of combineert beide. Houd er rekening mee dat je de temperatuur en baktijd nooit exact kunt aangeven. Die zijn afhankelijk van oven, materiaal, vorm en hoeveelheid.

Een nieuwe trend doet zijn intrede in onze keuken en dat kan ik alleen maar toejuichen. Koken is geen sleur meer, maar een bron van creativiteit. Koken is weer fun. Omdat je weet dat het allemaal haalbaar is, dat het snel gaat, dat je eer van je werk haalt en – zeker niet onbelangrijk – omdat je weet dat je lichaam bij iedere hap gezonder wordt. Kwaliteit primeert op kwantiteit. De tijd dat de vrouw uren in de keuken moest spenderen is gelukkig voorbij. Niet dat ik daar niet van kan genieten, integendeel, maar alleen als het mij past.

Intussen is het voor velen duidelijk dat natuurlijke voeding de sleutel is tot een energiek en krachtig lichaam. Veel mensen beginnen te eten volgens deze methode om te vermageren, maar nadien is dat niet meer het belangrijkste. Het geluksgevoel en de vrijheid krijgen steeds meer de bovenhand. Maar nog al te vaak denken mensen dat het gedaan is met het goede leven wanneer ze hun eerste stappen naar gezonde voeding zetten. Ze gaan ervan uit dat ze zich allerlei lekkers moeten ontzeggen en dat ze vooral wilskracht nodig zullen hebben. Het tegendeel is waar, dat heb ik zelf ervaren en dat blijkt ook uit de vele interviews die ik heb gedaan met mijn lezers. Bijna allemaal vertellen ze dat hun lichaam niet meer hunkert naar 'ongezond' eten. Ze hoeven zich dus niets te ontzeggen, ze verlangen er gewoon niet meer naar, soms tot hun eigen verbazing. Een heel groot verschil met vroeger dus. Sterker nog, als ze dan toch eens 'troep' eten, bevalt het hen niet meer. Je lichaam verlangt namelijk naar het eten dat het gewoon is.

Zolang je denkt: 'ik mag dit niet en ik moet dat' zal het niet lukken, want dan ben je eigenlijk aan het diëten. Dat is hooguit zo in de beginfase, maar als die eenmaal voorbij is, ontdek je een wereld van mogelijkheden en lonkt de vrijheid. Ik voel mij nog meer een bourgondiër dan vroeger. Ik eet best veel, want dat gevoel van voldaanheid heb ik nodig om gelukkig te zijn. Ik vraag me niet meer af wat mag en wat niet mag. Alles mag! Ik ben vrij en voel me helemaal niet schuldig als ik eens een dessert eet. Dat lees je in het hoofdstuk over chocolade.

Wie de kracht van natuurlijke voeding heeft ontdekt of herontdekt, wil en kan vaak niet meer terug. Je voelt en beseft dat deze waardevolle ingrediënten je lichaam echt voeden, je ziel en geest komen ervan tot rust, je hoofd wordt helderder. Dat betekent dat je meer tijd en ruimte hebt om bewust te genieten van de mooie dingen van het leven. Een gezellige wandeling of het bereiden van een mooie, creatieve en voedzame maaltijd die je dan kunt delen met diegenen die je liefhebt. Zalig.

En voor de nieuwkomers: hoe begin je eraan? Simpel: kies een aantal leuke recepten uit die je aanspreken, ga boodschappen doen, geniet van het weinige werk in de keuken en vooral van het lekkere eten en laat je lichaam de rest doen.

Alvast veel succes en inspiratie!

Liefs, Pascale

De visie van professor Dariush Mozaffarian

Ik ben zo gelukkig dat professor Dariush Mozaffarian het voorwoord wilde schrijven van mijn nieuwste boek. Het was best spannend, want hij heeft gewacht om toe te zeggen tot ik hem de Engelse vertaling van het boek had doorgestuurd, zodat hij eerst alles grondig kon lezen. Ik volg zijn werk al een tijdje en vorig jaar had ik het genoegen hem te kunnen interviewen in Boston. Zijn voorwoord betekent heel veel voor mij, want hij is volgens vele deskundigen een absolute wereldautoriteit inzake voeding. Van hem te horen dat mijn boek in overeenstemming is met de nieuwste wetenschappelijke inzichten, is de bekroning van mijn werk. Ook zijn laatste zin maakt me gewoon heel gelukkig.

Wat we eten is een van de belangrijkste beslissingen in ons leven. Onze voeding beïnvloedt zowat elk aspect van ons welzijn, en niet alleen dat van onszelf, maar ook van ons gezin, onze samenleving en onze planeet. Bovendien is ons eten een erg persoonlijke keuze, die nauw verbonden is met onze stemming en cultuur, ons sociaal netwerk en wereldbeeld. Voor wie het geluk heeft om in meer of mindere mate zelf te kunnen kiezen wat er elke dag op het menu staat, zijn weinig andere zaken zo intens of belangrijk.

In mijn eigen werk als cardioloog, voedingswetenschapper en gezondheidsvoorlichter heb ik talloze mensen ontmoet die begrijpen hoe doorslaggevend voeding is, en nog vele anderen die dat beginnen in te zien. **Maar terwijl steeds meer mensen beseffen welke cruciale rol voeding speelt, zien velen door de bomen het bos niet meer: wát zijn nu eigenlijk de gezondere keuzes?** Dat fruit en groenten goed voor je zijn en gesuikerde dranken net niet, daarover is iedereen het eens. Verder is het onzekerheid troef. Minder vetten of minder koolhydraten, paleo of veganistisch, boter of margarine, glutenvrij, biologisch, zonder ggo's, lokaal: welke van die uiteenlopende en soms zelfs tegenstrijdige concepten doet er echt toe? En hoe zit het met voedingsmiddelen als koffie, cacao, eieren, rood vlees en fruitsap? De dagelijkse stroom nieuwsberichten, blogposts en andere meningen leidt tot een kakofonie van verwarrende boodschappen, die elkaar vaak zelfs tegenspreken.

Ik heb uitgebreid geschreven over de vooruitgang in de voedingswetenschap, die nieuwe inzichten verschaft inzake optimale doelstellingen om beter te eten en de gezondheid te bevorderen. Zo is het waardevoller om te focussen op voedingsmiddelen en globale eetpatronen dan op afzonderlijke ingrediënten. Daarnaast is de kwaliteit van het eetpatroon belangrijker dan alleen maar calorieën tellen om je gewicht op lange termijn onder controle te houden. En tot slot beoordeel je voedingsmiddelen beter op ál hun gezondheidseffecten in plaats van alleen te denken aan overgewicht of het cholesterolgehalte in je bloed. Inderdaad, obesitas is niet het enige ongunstige gevolg van de manier waarop we eten, zelfs niet het belangrijkste. Ongeacht het gewicht van iemand heeft de keuze van wat je eet ingrijpende gevolgen op je gezondheid en welzijn.

Er zijn tal van maatregelen die we kunnen nemen om gezonder te eten, en zelf koken behoort zeker tot de belangrijkste. Door regelmatig te koken is de kans veel groter dat je betere keuzes maakt en beperk je tegelijkertijd het aandeel sterk bewerkte, ongezonde producten in je voedingspatroon. Dit elementaire proces waarbij je ingrediënten samenvoegt, klaarmaakt en kookt tot een huisbereide maaltijd die je deelt en waarvan je samen geniet, prikkelt ook de geest en de zintuigen zoals je dat niet zo gauw op andere manieren evenaart. En natuurlijk moet eten niet alleen gezond zijn, het moet er ook goed uitzien en lekker ruiken én smaken, wat het tot een feest voor lichaam en ziel maakt.

En toch. Koken mag nog zo belangrijk zijn voor onze gezondheid en zo weldadig voor onze geest, wat een van de eenvoudigste en gebruikelijkste taken lijkt, kan zelfs voor een sterke persoonlijkheid intimiderend en schrikwekkend zijn. Hoe breng je gezondheidsaspecten, smaak, kostprijs en gemak in evenwicht en combineer je al die facetten in een voedzame én smaakvolle maaltijd? Voor heel wat mensen kan koken een enorme uitdaging zijn.

In een reeks succesvolle kookboeken heeft Pascale Naessens gezocht om nuttige antwoorden op die uitdaging te bieden. Dit boek is haar nieuwste creatie en bouwt voort op die fundamenten. Ze vertrekt vanuit basisprincipes, die ze versterkt en uitbreidt met de meest recente ontdekkingen in de voedingswetenschap en haar eigen culinaire innovatie. Pascale ontwikkelde een reeks boeiende en toegankelijke recepten die niet alleen goed zijn voor de gezondheid, maar ook creativiteit, speelsheid, gemak, smaak en plezier stimuleren. Terecht zet ze gezonde vetten in de kijker, om hun smaak én hun voedingswaarde. Ze maakt een onderscheid tussen geraffineerde 'snelle koolhydraten' en de gunstige eigenschappen van fruit, linzen en bonen, en toont hoe goede voedselcombinaties de smaak en gezondheidsvoordelen een boost geven.

Puur Pascale 2, waarin je ook gesprekken met experts en haar eigen unieke toelichting vindt, **is niet zomaar een kookboek. Het is een verfrissend optimistische en constructieve filosofie over eten, die welzijn en vitaliteit verkiest boven gewichtsverlies, kwaliteit boven kwantiteit, zelfbeschikking boven schuldgevoel en afkeuring, en genieten boven saaie soberheid.**
Lees, kook, eet en geniet!

Dariush Mozaffarian is decaan van de Tufts Friedman School of Nutrition Science & Policy in Boston, professor in de voedingswetenschappen en cardioloog. Voordien was hij professor aan Harvard. Hij is auteur van bijna driehonderd wetenschappelijke publicaties over voeding, vet in onze voeding, eetpatronen, de wereldwijde obesitasproblematiek, diabetes, hart- en vaatziekten en 'evidencebased' en 'kosteneffectief' voedingsbeleid.

Een nieuwe benadering van gezondheid

De moderne voedingswetenschap is een relatief jonge wetenschap. Zo werd nauwelijks honderd jaar geleden voor het eerst vitamine C geïsoleerd. Mijn grootouders hebben dat nog meegemaakt. In de moderne geschiedenis is dat dus heel recent. Men wist al lang dat citroenen scheurbuik konden voorkomen, maar pas toen heeft men ontdekt dat het de vitamine C was die heil bracht. In die tijd keek men naar geïsoleerde voedingsstoffen en mogelijke deficiënties: vitamine C in fruit, calcium in melk enzovoort. Deze reductionistische benadering heeft zeker zijn vruchten afgeworpen – we leven allemaal langer – maar ze heeft ook haar limieten.
In de jaren 1970-80 realiseerde men zich dat voeding in het algemeen ook een belangrijke oorzaak van chronische aandoeningen kon zijn. Toch bleef men zich focussen op 'geïsoleerde voedingsstoffen'. Men trok de lijn door en vanuit dezelfde visie werd ook vet benaderd: plots werd vet dé oorzaak van obesitas en verzadigd vet dé oorzaak van cholesterol en hartziekten. Maar de (overdreven) focus op vet en calorieën heeft de obesitas- en diabetesepidemie niet kunnen voorkomen, integendeel. Veel deskundigen beweren dat de 'vetfobie' mee aan de basis ligt van veel van de huidige gezondheidsproblemen.
Welk standpunt je er ook op na houdt, we kunnen niet anders dan vaststellen dat, ondanks alle inspanningen, 'foute voeding' de eerste oorzaak is van chronische ziekten zoals hart- en vaatziekten, obesitas en diabetes. En dat is over de hele wereld zo.

Gelukkig staat de wetenschap niet stil. Door het voortschrijdend inzicht kijkt men op een andere manier naar 'gezonde voeding'. Men weet intussen dat het niet zo eenvoudig is als: 'van te veel verzadigd vet krijg je te hoge cholesterol' of 'van te veel calorieën word je dik'. We zijn zeer complexe organismen met een zeer complexe fysiologie en het soort voedsel dat we eten heeft een ontzettend grote invloed op alle mechanismen die ons gewicht reguleren, denk maar aan onze hersenen – het beloningscentrum, onze vetcellen, de interactie met onze darmbacteriën... Al die zaken bepalen hoe ons lichaam calorieën absorbeert. Daarom pleiten meer en meer deskundigen voor een 'totaalaanpak' en om niet meer te focussen op calorieën of nutriënten (vitaminen, mineralen, vetten, koolhydraten, proteïnen...) maar wel op kwalitatieve voeding en op eetpatronen. Zij benaderen voeding dus niet vanuit een reductionistische houding, maar kijken naar het samenspel van verschillende factoren. Het zijn dan ook bijzonder boeiende tijden, waarbij er van alles beweegt en verandert. Ook van onderuit wordt er aangedrongen op verandering, er is een groeiende groep van bewuste eters die aantonen dat het anders en beter kan. Zo kunnen we spreken van een heuse 'gezondheidsbeweging' die een niet te onderschatten druk uitoefent, zowel op deskundigen als op beleidsmensen. Dat spanningsveld hoeft zeker niet negatief te zijn, integendeel. Niet alleen de veranderende wetenschappelijke inzichten hebben de verouderde voedingsdriehoek ondergraven, ook die druk van onderuit heeft een rol gespeeld. Het nieuwe advies sluit meer aan bij de manier waarop bewuste mensen tegenwoordig naar gezonde voeding kijken.
Het gevolg is dat iedereen in grote lijnen weer op dezelfde golflengte zit: geen focus meer op calorieën, meer nadruk op natuurlijke volwaardige producten, vet is geen vijand meer, meer natuurlijke ongeraffineerde koolhydraten eten, matigen met snel verteerbare en geraffineerde koolhydraten. Het verschil ligt hooguit in de aanpak en de accenten, maar we zijn ook allemaal verschillend dus dit kun je gerust overlaten aan de bewuste eter, die meer en meer weet wat goed is voor zijn/haar lijf en heel bewust keuzes maakt. Een beetje vertrouwen zou niet slecht zijn. Een top-downbenadering vanuit een ivoren toren is niet meer van deze tijd. Een wisselwerking met wederzijds respect des te meer. Ik hoop dat het nieuwe voedingsadvies een frisse, positieve wind laat waaien en dat we de krachten kunnen bundelen. Want samen hebben we maar één doel: een kwalitatiever leven.

Er zijn geen verboden ingrediënten, deze methode herbalanceert. Je zult meer groenten eten en minder snelle koolhydraten.

WAT IS EEN GEZOND EETPATROON?

Onderzoek wijst uit dat verschillende eetpatronen gezond kunnen zijn: vegetarisch, mediterraan, zowel veel als weinig koolhydraten, veel of weinig vet (lees ook Tsimane op p. 188). Er is dus niet één manier van gezond eten, en dat maakt het moeilijk om een eetpatroon in een model te gieten. Bovendien reageren we ook allemaal anders op voeding, dus een meer individuele aanpak is nodig. Daarom vind ik het zo belangrijk dat we meer luisteren naar ons eigen lichaam, dat we veel lezen over voeding en dat we experimenteren. Bovendien is het ook leuk: je leert veel en de touwtjes in eigen handen nemen werkt bijzonder bevrijdend.

Eet meer van het goede, matig van het midden en minder van het slechte

Dat wil niet zeggen dat er geen algemeen advies gegeven kan worden, maar dan liefst niet 'alles mag, maar met mate'. Deze dooddoener kwam vooral uit de mond van zij die het ook niet wisten. Op die manier zeiden ze niets fout, maar eigenlijk zeiden ze ook gewoon niets. Wat heb je aan zo'n advies?
Professor Dariush Mozaffarian, die aan het hoofd staat van Tufts Friedman School of Nutrition Science & Policy, zegt: 'Intussen weten we wel welke voedingsmiddelen een goede invloed hebben op onze gezondheid. Die staan aan de top: bessen, noten, vis, bonen, zaden, fruit, plantaardige oliën, yoghurt... Ze staan zelfs hoger dan groenten vanwege hun positieve effecten – zeker ingrediënten die het leven doen bloeien, zoals zaden, noten, bonen, volle granen... Vis blijkt bijzonder gezond te zijn dankzij de omega 3 en yoghurt dankzij de positieve invloed op onze darmbacteriën. Daarnaast zijn er een heleboel dingen "in het midden", die eerder neutraal reageren: kip, boter en eieren. Dus als iemand je vraagt of kip goed is, zeg ik: "In vergelijking met wat?" Vis is beter dan kip, maar kip is minder erg dan spek en beter dan een aardappel. De zaken die slecht zijn staan onderaan: suikerhoudende granen en dranken, transvetten, verwerkt vlees, geraffineerde granen en zetmeel, aardappelen. Dus eet meer van het goede, matig van het midden en minder van het slechte.'
Alhoewel dit een vrij concreet advies is, weet men uit ervaring dat mensen hier niet zoveel mee doen. Advies en inzicht zijn heel belangrijk, maar een nog veel grotere uitdaging is mensen een praktische tool aanreiken waarmee ze dagelijks aan de slag kunnen en een houvast hebben, waardoor ze effectief hun eetpatroon gaan aanpassen en gezonder gaan eten.
Daarvoor heb ik een methode ingevoerd. Wie deze methode volgt, zal automatisch betere keuzes maken en bovenstaande theorie omzetten in de praktijk. En dus eten volgens het patroon dat gerenommeerde professoren aanbevelen: meer fruit, groenten, vis, noten, zaden, bonen, volle granen, olijfolie en matigen met geraffineerde granen, zetmeel, aardappelen, bewerkte vleeswaren, suikers...

Meer groenten en fruit

We worden aangespoord om meer groenten en fruit te eten, maar heel vaak lees ik dat het niet haalbaar zou zijn. Met deze methode is dat geen enkel probleem, je wordt automatisch in de goede richting gestuurd omdat je snelle koolhydraten ruilt voor groenten en fruit. Maar als je blijft eten op de klassieke manier en daarbovenop nog eens een pak groenten en fruit moet eten, is het inderdaad niet haalbaar. Je moet zaken schrappen van je menu ten gunste van groenten en fruit. Ik schrap dus de snelle koolhydraten, niet alleen ten gunste van groenten en fruit, maar ook ten gunste van vet, in de vorm van noten, zaden, olijfolie, avocado's, vette vis, volle yoghurt... Dat maakt deze keuken bijzonder lekker (een vetloze keuken is een smaakloze keuken), gevarieerd en verzadigend.

Methode

ALLE GROENTEN
combineren goed met
eiwitten of koolhydraten

GECONCENTREERDE EIWITTEN

- vis
- kaas
- vlees
- sojaproducten

geen gunstige combinatie

GECONCENTREERDE KOOLHYDRATEN

- witbrood
- aardappel
- witte rijst
- pasta
- bruine rijst
- zoete aardappel
- volkorenbrood
- vollegranenpasta
- havermout
- quinoa
- bonen
- kikkererwten
- linzen

(gezondere bronnen van koolhydraten staan in het groen)

Noten, zaden, yoghurt, eieren en vetten (zoals olijfolie, kokosolie, boter, room en andere vetten) mag je met alles combineren.

Het is dus beter om geen eiwitrijke voeding samen te eten met koolhydraatrijke voeding. In de praktijk komt het erop neer dat je aardappelen en brood vaak zult vervangen door groenten, fruit en vet.
Dit is een manier van eten waar heel veel mensen zich goed bij voelen en die in de praktijk intussen haar sporen ruimschoots heeft verdiend. Goede combinaties maken vind je terug in veel culturen en is dus zeker niet nieuw. Ik heb hooguit alles in een handig schema gegoten, dat praktisch is en haalbaar in het dagelijkse leven. Het verenigt het beste van alle nieuwe inzichten en is bijzonder gematigd. Er wordt niets uitgesloten, zelfs geen dessert. Daarom is het makkelijk vol te houden. Het is helemaal geen dieet (ik haat diëten) maar een manier van eten.

WAT MET HET COMBINEREN VAN VERSCHILLENDE BRONNEN VAN EIWITTEN?

Het gaat dan bijvoorbeeld over kaas samen met vlees, en daar nog eens groenten bij eten. Daar wordt in de wetenschap niets over vermeld. Zelf heb ik niet de gewoonte om kaas, vlees en vis te mengen, omdat ik het niet lekker vind en omdat het de maaltijd onnodig zwaar maakt. Als ik een menu kies, eet ik meestal uitsluitend vis of vlees, dus zowel in het voorgerecht als in het hoofdgerecht, omdat ik weet dat me dat beter bevalt dan de combinatie van vis en vlees binnen eenzelfde maaltijd. Ook thuis zal ik doorgaans voor of vis of kaas of vlees kiezen in plaats van ze te mengen. Bij etentjes of andere gelegenheden gaat het er wat losser aan toe. Ik organiseer graag feestjes en meestal maak ik dan een soort van buffet. Ik hou ervan wanneer iedereen kan nemen wat hij wil en kan opscheppen hoeveel hij wil. Dat creëert een vrije, losse sfeer aan tafel en zorgt meteen voor gezelligheid. Onder de gasten zijn er veganisten, vegetariërs, flexitariërs, vis- en vleesliefhebbers, en iedereen neemt gewoon gezellig wat ie wil. Op die momenten neem ik zelf ook eenvoudigweg waar ik zin in heb, ook al is dat vlees en vis door elkaar.

Wat je niet op mijn tafel zult vinden zijn gewoon brood, aardappelen, witte rijst, spaghetti... maar wel gezonde gevarieerde gerechten met veel vis en schaaldieren, wat kaas en vlees, en met een overvloed aan heerlijke en kleurrijke warme en koude groenten. Kortom, alle recepten die in mijn boeken staan zouden geschikt zijn. En ook een dessert ontbreekt niet. Gegarandeerd iets met chocolade. Een tafel dus waar iedereen gelukkig van wordt en waarvoor je lichaam je dankbaar zal zijn, ook de volgende dag. Dat noem ik pas ten volle genieten!

VOOR WIE IS DEZE METHODE GESCHIKT?

Voor wie
- graag lekker en veel eet
- houdt van een eenvoudige, creatieve keuken
- weinig afwas wil
- houvast wil, een methode van eten in een wereld van overvloed
- eens een andere keuken wil
- nieuwsgierig is
- houdt van een pure, natuurlijke keuken
- houdt van een romantische keuken

Gerelateerd aan gezondheid

Voor wie
- meer energie wil
- wil afvallen
- maag- en darmklachten heeft of last van een opgezette buik na het eten
- zich overeet, binge-eating en verslavend gedrag ervaart voor brood, koekjes en zoetigheden
- altijd honger en goesting heeft in zoet
- graag eet, maar niet wil dat zijn of haar hormonen op hol slaan

HOE ZIT HET MET DE WETENSCHAP?

Ondanks de goede resultaten in de praktijk, blijft deze manier van eten voor sommigen controversieel. Maar net door die goede resultaten raken ook meer wetenschappers geïnteresseerd en wordt er meer onderzoek naar gedaan. Tufts University heeft een grote studie (1) uitgevoerd, en dit zijn de belangrijkste conclusies:

1. *Combineer alle eiwitrijke voeding met voedingsmiddelen met een lage glycemische index**

   Wanneer eiwitrijke voeding gecombineerd wordt met voeding met een hoge GI*, leidt dit tot gewichtstoename op lange termijn. Combineer dus vlees, eieren, kaas of vis met groenten in plaats van met brood, aardappelen, pasta of rijst.

2. *Matig je consumptie van vlees en combineer het met voedingsmiddelen met een lage glycemische index* of lage glycemische lading**

   Hoe meer vlees en bewerkte vleeswaren je eet, hoe meer je gewicht zal toenemen. Dit effect wordt nog versterkt indien het vlees wordt geconsumeerd met aardappelen, frieten en brood. Het effect wordt afgezwakt indien vlees wordt geconsumeerd met groenten.

3. *Eet meer vis, noten, yoghurt, vis en kip zonder vel*

   Deze voedingsmiddelen zijn sterk geassocieerd met gewichtsverlies. Maar als je ze combineert met gewoon brood of aardappelen (= voedingsmiddelen met een hoge GI* of GL*), dan vervalt hun beschermend effect om gewicht te verliezen.

4. *Wees niet bang om vetrijke zuivel te gebruiken*

Het lijkt tegen onze intuïtie in te gaan, maar wie zuivel eet kan beter voor volle vetproducten kiezen, zoals vette kaas en volle yoghurt. Uit de studie blijkt dat wie kiest voor zuivel met een laag vetgehalte de neiging heeft om meer koolhydraten te eten, en dat leidt op lange termijn tot gewichtstoename. Dat komt wellicht doordat producten met een laag vetgehalte minder verzadigen.

5. *Vermijd voeding gemaakt met geraffineerde granen, zetmeelrijke voedingswaren en suiker*

Probeer minder witbrood, aardappelen, pasta en witte rijst bij de maaltijden te eten, zodat je meer ruimte hebt voor gezondere proteïnen en groenten, die een betere invloed hebben op je gezondheid en op je gewicht.

HOU IK MIJ ALTIJD AAN DIE REGEL?

Zodra je aan de slag gaat met die regel, merk je meteen de positieve gevolgen op je lichaam en geest en word je gestimuleerd om er verder mee te gaan, omdat je er rechtstreeks en meteen baat bij hebt. Maar als ik bij vrienden geïnviteerd word, zal ik de gastvrouw of gastheer nooit confronteren met mijn eetgewoontes. Integendeel, ik geniet gewoon van de schotels die ik thuis wellicht nooit zelf zou klaarmaken. Een stukje brood, taart of wat dan ook, het zal mij heus geen kwaad doen. So what! Het leven is mooi omdat ik in alle vrijheid kan kiezen. Ik mag alles eten, de enige vraag is: wíl ik wel alles eten? Ik heb er geen enkele moeite mee om thuis of op restaurant voor goede combinaties te kiezen en het brood en de aardappelen achterwege te laten, omdat ik daar gewoonweg gelukkiger van word. Van mij mag iedereen eten wat hij of zij wil, zolang ik dat ook maar mag.
Maar ik wil je wel waarschuwen: zodra je op deze andere manier begint te eten, zul je automatisch in de goede richting worden gestuurd. Op je wilskracht hoef je zelfs geen beroep te doen, gewoon omdat die manier van eten prettig aanvoelt. Je lichaam maakt bij wijze van spreken de keuze voor jou. Je lichaam herleeft en dus protesteert het, veel feller dan tevoren, wanneer je in je oude eetgewoonten hervalt.

TACHTIG PROCENT VERSUS TWINTIG PROCENT

Ik ben een levensgenieter pur sang, dus af en toe eens uit de bocht gaan hoort bij mijn leven. Ik zou die momenten niet willen missen. Ik ben bovendien heel nieuwsgierig en wil ook daarom geen voedingsmiddelen uitsluiten.
Ik wil ze allemaal proeven, beleven en zelf ervaren wat de uitwerking ervan is op mijn lichaam. Bovendien is de mens wel een sterk ras en kunnen we tegen een stootje. Waar ik echter van overtuigd ben, is dat we niet tegen constante negatieve invloeden kunnen. Constante stress leidt tot burn-out, voortdurende hoge insulinewaarden leiden tot obesitas en diabetes. Probeer je daarom te houden aan deze regel: tachtig procent basisvoedsel – dat is natuurlijke voeding zoals vis, noten, zaden, eieren, groenten, fruit, volle yoghurt, vlees... – en twintig procent van wat dan ook. Voor de ene persoon is dat een dessert, voor de andere frieten, ijsroom of chips. Maar niet alles tegelijk, hé.

(1) Ik verwijs graag naar de uitleg over het onderzoek door Tufts University zelf:
http://now.tufts.edu/news-releases/choice-protein-and-carbohydrate-rich-foods-may-have-big-effects-long-term-weight-gain

* Glycemische index (GI) en glycemische lading (GL) zijn maten om aan te geven hoe snel koolhydraten van een bepaald product worden verteerd en als suiker in het bloed worden opgenomen. Op internet vind je tabellen met de GI- en GL-waarden van voedingsmiddelen. Hoe hoger deze waarden, hoe ongunstiger voor de gezondheid.

courgette

Geen zomer zonder courgettes. Ik krijg steeds meer respect voor deze veelzijdige groente, ze blijft me verrassen en ik vind het zalig om ermee te experimenteren.

Het is ook bijzonder boeiend om te weten en te zien hoe courgettes groeien. De plant heeft een groot grillig blad, maar wat het meest in het oog springt zijn de grote felgele bloemen waarop insecten zoals bijen en hommels afkomen. Eén plant draagt zowel mannelijke als vrouwelijke bloemen, maar enkel de vrouwelijke bloemen brengen vruchten voort. De bloem groeit namelijk op het uiteinde van een babycourgette en pas als de bloem bestoven is, kan de jonge courgette uitgroeien tot een mooie, grote vrucht. Wordt de bloem niet bestoven, dan krijg je een misvormde courgette die afsterft. Wat het nog spannender maakt: de bloem opent zich maar één keer en tegen de middag gaat ze alweer dicht. Daarom is het van cruciaal belang dat insecten, hommels en bijen deze delicate klus tijdig en snel klaren. Veel telers helpen de natuur een handje en gaan aan de slag met een penseel: ze halen stuifmeel, het zaad van de mannelijke bloem, weg en beroeren dan de stamper van de vrouwelijke bloem. Ja, courgettes moeten met liefde worden behandeld.

De bloemen zelf kunnen ook gegeten worden. Omdat ze zo groot zijn, zijn ze ideaal om op te vullen, maar deze delicatesse wordt bij ons niet vaak verkocht, wellicht omdat men een keuze moet maken: ofwel verkoopt men de bloem, ofwel de courgette. Courgettes vind je in verschillende kleuren en vormen, van geel, groen, gestipt tot gestreept, en van ovaal, langwerpig tot rond. Als ik ze in de winkel zie liggen, kan ik het niet laten steeds andere varianten te kopen, zeker de gele, ook wel de gouden courgette genoemd. Meteen haal je de zon in huis.

Courgettes kunnen bijzonder groot worden, maar dat maakt ze niet beter van smaak. Meestal worden ze jong geoogst, wanneer het vlees stevig is en de zaadjes nog zacht zijn. Courgettes bevatten veel vezels en antioxidanten, die vooral in de schil zitten. Daarom kun je ze het beste niet schillen.

Algemene tip

Bij veel gerechten snijd ik de courgettes in ronde of in lange plakjes, omdat ik dat leuker vind en ook makkelijk te bereiden. Je kunt er dan veel meer mee doen. Maar je zult merken dat je daardoor meer afval hebt, want soms gebruik ik het middelste deel, waar de zaadlijst in zit, niet. Zeker bij rijpe courgettes kun je daar geen plakjes meer van snijden. Maar ik gooi niets weg. Ik snijd het zachte gedeelte in blokjes en bak ze in wat olie, heerlijk! Of ik meng de blokjes met wat currypasta en zet ze in de oven, of ik gebruik het in een ander recept, zie p. 30.

COURGETTE-ROLLETJES MET MAKREEL

werk: 15 minuten – gaartijd: geen – voor 15 rolletjes

Gestoomde of gerookte makreel heb ik altijd in huis, het bewaart gemakkelijk en is handig om last minute nog iets lekkers op tafel te toveren. Ik eet hem graag in een slaatje, maar nog liever eet ik deze 'rillette van makreel'. Wat eigenlijk gewoon geprakte makreel is. Heerlijk met wat lente-ui en verpakt in een mooi gemarineerd rolletje. Een lepel mayonaise erbij maakt het wat smeuïg, maar kan worden weggelaten.

1 COURGETTE
150 G GEROOKTE OF GESTOOMDE MAKREEL
2 LENTE-UITJES
1 POTJE ZALMEITJES

1 EETLEPEL MAYONAISE (OPTIONEEL)
1 LIMOEN
BIESLOOK

Snijd met een dunschiller een tiental plakjes van de courgette. Leg ze in een kom en giet er een flinke scheut olijfolie en het sap van een halve limoen over. Kruid met peper en zout.
Plet het vlees van de makreel, dit gaat gemakkelijk met een vork. Hak de lente-uitjes fijn en meng ze samen met de mayonaise en de zalmeitjes onder de makreel. Breng op smaak met wat peper en zout.
Verdeel de makreel over de plakjes courgette en rol ze op met wat bieslook ertussen. Serveer met een prikkertje of op een bordje.

Tip: wat doe je met de rest van de courgette?
Zie inleiding courgettes, p. 19.

In een handomdraai
een heerlijk hapje

COURGETTE-BURGERS MET EEN SLAATJE

werk: 20 minuten – gaartijd: 40 minuten – voor 5-7 burgers

Courgetteburgers vallen altijd in de smaak, dus maak er meteen wat meer klaar. Ze zijn ideaal om mee te nemen als lunch on the road. Kruid ze naar eigen believen met knoflook, chili of Provençaalse kruiden.

BURGERS:
1 COURGETTE (OF 1/2 GELE EN 1/2 GROENE)
1 EI
50 G AMANDELPOEDER
2 CM GEMBER
1 LENTE-UI

SLAATJE:
1/2 VENKEL
VERSE BLADKRUIDEN (RUCOLA, BLADPETERSELIE, BASILICUM...)

Rasp de courgette, voeg er een beetje zout aan toe en laat 10 minuten staan zodat het vocht eruit trekt. Versnipper of rasp de gember fijn. Klop het ei los en kruid het met peper en de gember. Snijd de lente-ui fijn. Knijp het vocht goed uit de courgette en meng ze met het ei, het amandelpoeder en de lente-ui. Het resultaat is een dikke brij. Leg een lepel brij in een matig hete pan met wat olijfolie, druk hem een beetje plat en druk ook de zijkanten wat aan, zodat je een mooie burger krijgt. Bak hem ongeveer 3 minuten aan elke kant.
Maak intussen het slaatje. Snijd met een dunschiller of mandoline dunne plakjes van de venkel, meng ze met wat rucola, verse kruiden en wat olijfolie. Kruid met peper en zout. Serveer de burger op een bordje met wat extra versnipperde lente-ui, eventueel wat chili en wat venkelsalade.

COURGETTE OPGEVULD MET LAMSGEHAKT

werk: 15 minuten – gaartijd: 25 minuten

Als ik op zeker wil spelen en mijn hoofd staat niet naar experimenteren, dan maak ik een van de heerlijke klassiekers klaar, zoals courgette met lamsvlees. Ook ras el hanout is een magische kruidenmengeling waar je altijd op kunt terugvallen. Ik heb het standaard in huis en het maakt van elk gerecht een feest. Deze lamsschotel krijgt daardoor meteen een oosterse touch. Ras el hanout kun je gemakkelijk vinden in grote hoeveelheden bij een Marokkaanse winkel. Het betekent trouwens 'het beste van de winkel', heerlijk toch.

1 COURGETTE
350 G LAMSGEHAKT
1 UI
1 TOMAAT

2 KNOFLOOKTEENTJES
1 EETLEPEL RAS EL HANOUT (ZIE INLEIDING)
1 BUNDEL KORIANDER

Snijd de tomaat in kwarten, verwijder de zaadjes en het vocht en snijd het vruchtvlees in blokjes. Versnipper de knoflook, de ui en de koriander (houd wat apart voor de afwerking) en meng alles onder het lamsvlees. Kruid verder met ras el hanout, wat zout en flink wat peper.
Halveer de courgette in de lengte en hol het binnenste uit (= verwijder de zaadlijst). Dit gaat gemakkelijk met een kleine lepel. Vul de courgettehelften op met het gehakt en zet ze een 25-tal minuten in een warme oven op 180 °C.
Serveer met wat extra koriander.

Een klassieker
die het altijd goed doet

LASAGNE VAN COURGETTE MET TOMATEN EN FETA

werk: 15 minuten – gaartijd: 20 minuten

Courgette, tomaten en feta vormen een perfecte combinatie, maar ik was vooral op zoek naar een nieuwe vorm. Mooier, verrassender en ja, ook lekkerder.

2 COURGETTES
200 G FETA
1 VERSE TOMAAT

100 G ZONGEDROOGDE TOMATEN (IN OLIE)
1 BUNDEL BASILICUM (VOOR DE AFWERKING)

Snijd de verse tomaat in kwarten en verwijder het sap en de zaadjes. Doe de kwarten in een blender, samen met de zongedroogde tomaatjes, de feta, een scheut olijfolie en flink wat peper, en mix tot je een dikke rode pasta krijgt.
Snijd de courgette in plakjes. Giet wat olijfolie in een ovenschaal en leg er een eerste laag courgetteplakjes in. Smeer er vervolgens de fetapasta over, bedek weer met een laagje courgette en weer fetapasta. Ga zo door tot je eindigt met de fetapasta. Zet de lasagne 20 minuten in de oven op 180 °C. Strooi er de laatste 5 minuten het fijngehakte basilicum over. Serveer vanuit de ovenschaal.

Een ovenschotel
waar iedereen
gelukkig van wordt

COURGETTE-ROLLETJES MET VIS EN TOMAATJES

werk: 12 minuten – gaartijd: 20 minuten

Van deze soort ovenschotels houd ik enorm. Een eenvoudige keuken en pure, eerlijke smaken: een visje met groenten en verse kruiden, overgoten met olijfolie.

300-400 G KABELJAUWFILET
1 COURGETTE
KLEINE TROSTOMAATJES (ZOVEEL JE OP KRIJGT)

VEEL VERSE KRUIDEN
(BLADPETERSELIE, BIESLOOK, BASILICUM...)
LIMOEN

Snijd de kabeljauwfilet in de lengte in tweeën en de courgette in lange plakjes. Hak de kruiden fijn en meng ze met flink wat peper en een beetje zout, limoensap en olijfolie. Schik de plakjes courgette dakpansgewijs naast elkaar. Leg er een stuk vis op en zorg ervoor dat de uiteinden van de vis er aan beide kanten wat uitsteken. Leg er wat kruiden op en rol op. Doe met het andere stuk vis hetzelfde. Leg de rest van de kruiden onderaan in een ovenschaal en schik de vis erop met de tomaatjes errond. Kruid het geheel met flink wat peper en een beetje zout. Overgiet de schotel met een dunne straal olijfolie en zet 20 minuten in de oven op 180 °C.

Pure smaken: een visje, groenten, verse kruiden en olijfolie, zalig.

GEBAKKEN PITTIGE COURGETTE MET VIS

werk: 15 minuten – gaartijd: 20 minuten

Courgette is zo'n veelzijdige groente. De manier waarop je haar bereidt, kan een verrassende wending geven aan de smaak. Dat is zeker het geval wanneer je de courgette een 20-tal minuten langzaam gaart. Dan krimpt ze tot een vierde van haar oorspronkelijke volume, maar de smaak wordt vier keer sterker. Zelfs zonder groene curry is dit gerecht lekker. Dit is ook een ideaal recept om alle restjes courgette te verwerken. Deze bereiding van courgette past bij zogoed als elke schotel.

2 COURGETTES
2 STUKKEN WITTE VISFILET (ZEEBAARS, KABELJAUW…)

1 EETLEPEL GROENE CURRYPASTA
EEN HANDVOL VERSE KORIANDER (OF BLADPETERSELIE)

Snijd eerst een paar slierten van de courgette met een dunschiller, die heb je straks nodig voor de afwerking. Snijd de rest in blokjes en stoof ze langzaam in flink wat olijfolie of kokosvet. Roer regelmatig. Schrik niet: op het einde blijft hooguit een vierde over. Meng er 5 minuten voor het einde een lepel groene currypasta onder.
Laat de courgette rustig garen en bak intussen de vis in de oven op 180 °C. Kruid hem enkel met wat peper en zout en giet er wat olijfolie over.
Hak de koriander fijn en meng die vlak voor het opdienen onder de courgette. Leg de groenten onderaan, schik de vis erop en werk af met de courgetteslierten.

Met dit gerechtje
kun je uitpakken

COURGETTE-ROLLETJES MET MOZZARELLA EN TOMATENPESTO

werk: 10 minuten – gaartijd: 25 minuten – voor ongeveer 10 rolletjes

Ook als ik weinig tijd heb, wil ik toch iets leuks klaarmaken. Dan zijn het dit soort ovenschotels die mijn voorkeur hebben: 10 minuten werk en hup, de oven in en klaar! Het leukste moment is wanneer je de ovenschotel op tafel plaatst – heerlijk, die geur. Serveer deze rolletjes als hapje met wat rucola of als lunch met gestoofde spinazie.

1 COURGETTE
1 BOLLETJE MOZZARELLA

150 G TOMATENPESTO
EEN HANDVOL PIJNBOOMPITTEN

Snijd de courgette met een dunschiller in plakjes. Snijd de mozzarella in tien lange staafjes. Leg een staafje mozzarella op het begin van een courgetteplakje, voeg een lepel tomatenpesto toe en rol op. Werk de rest op dezelfde manier af.

Leg de rolletjes in een ovenschaal en strooi er (veel) pijnboompitten over. Zet ze een 25-tal minuten in de oven op 180 °C, of tot de mozzarella volledig gesmolten is.

Een verrassend hapje of lunchgerecht, klaar in een handomdraai en om van te blijven smullen!

OMELET MET COURGETTE EN RODE BIET

werk: 15 minuten – gaartijd: 25 minuten

Een omelet met groenten vind ik heel lekker, maar meestal zien die er zo saai uit. Deze daarentegen nodigt echt uit om opgegeten te worden. Courgette en rode biet vormen een heerlijke combinatie met ei wat kleuren en smaken betreft, maar je kunt er ook andere groenterestjes aan toevoegen. Uien en champignons kun je het best wel even voorbakken. Een omelet mag goed afgekruid worden. Nog een tip is om geroosterde sesamolie te gebruiken, heerlijk.

4 EIEREN (2 EIEREN PER PERSOON)
1 GEKOOKTE RODE BIET
1 COURGETTE

2 KNOFLOOKTEENTJES
EEN BEETJE VERSE KRUIDEN (PETERSELIE, BIESLOOK...)

Kies leuke schaaltjes die in de oven kunnen of een grote schaal en bedek deze met bakpapier. Hak de knoflook en de kruiden fijn en kluts ze onder de eieren, samen met een flinke scheut olijfolie of geroosterde sesamolie. Kruid met zout en stevig wat peper. Giet het eimengsel in de schaaltjes.
Snijd de gekookte biet in blokjes en de courgette met een dunschiller in plakjes. Neem een aantal courgetteplakjes samen, krul ze willekeurig en zet ze rechtop in het eimengsel. Voeg er hier en daar eventueel nog wat extra plakjes aan toe, tot alles mooi vol zit. Stop de bietenblokjes tussen de plakjes.
Giet er een beetje olijfolie over en zet de schaaltjes in een warme oven op 180 °C. Check na 25 minuten of het ei in het midden gestold is. Indien niet laat je de omelet nog even in de oven staan.

Eigenlijk is dit gewoon een veredelde omelet

COURGETTE MET GEROOKTE ZALM, SOJASAUS EN KAPPERTJES

werk: 10 minuten – gaartijd: 20 minuten

Dit is zonder twijfel een van mijn lievelingsrecepten, omdat het zo eenvoudig, heel lekker en bijzonder mooi is. De combinatie van zuur en zout maakt het heerlijk. Ik maak het vaak klaar als ik gasten ontvang, omdat ik alles mooi van tevoren kan maken (zie menu p. 38).

2 COURGETTES
250 G PLAKJES GEROOKTE ZALM
1 TOMAAT

3 EETLEPELS KAPPERTJES
SOJASAUS

Snijd de tomaat in flinterdunne plakjes. Snijd de courgettes in dunne plakjes met een dunschiller. Giet in een ovenschaal wat olijfolie, leg hierop enkele plakjes courgette, daar bovenop een paar plakjes zalm en lepel er wat kappertjes over. Leg er een nieuwe laag courgette op, zalm en een laagje tomaat (er is dus maar één laag met tomaat, anders krijg je te veel vocht in de schotel), wat kappertjes en eindig met een laag courgette en wat kappertjes. Giet er een flinke scheut olijfolie en sojasaus over en kruid enkel met zwarte peper (sojasaus en gerookte zalm zijn al zout).
Zet de schaal 20 minuten in de oven op 180 °C. Overgiet na 10 minuten het geheel met de saus die langs de zijkant vrijkomt. Giet er vlak voor het serveren nog wat saus over.

Geen werk, verrassend lekker en mooi. Ideaal voor als je gasten hebt

Recept zie p. 150

MENU MET COURGETTES

Courgetterolletjes met makreel p. 20

*

Courgette met kruiden- en notenkorst
(= de groenten van recept p. 40)

*

Groentespaghetti met notensaus p. 150

*

Courgette met gerookte zalm,
sojasaus en kappertjes p. 36

*

Chocoladecheesecake p. 168

Koken en etentjes organiseren zijn voor mij een middel om mijn doel te bereiken: gezellig samen zijn met mijn vrienden. Bovendien sta ik niet graag uren in de keuken, het moet vooruitgaan. Dus daarom wil ik alles mooi van tevoren kunnen klaarmaken. Ik houd meer van een losse sfeer en denk niet in voor- en hoofdgerecht. Alle schotels komen gewoon op tafel en iedereen bedient zichzelf. Dat schept een gezellige ongedwongenheid. Een hapje bij het aperitief vind ik wel belangrijk en een dessert hoort er natuurlijk ook bij. Voor de rest zet ik water en wijn op tafel en iedereen schenkt zelf in. De laatste tijd zet ik er ook appelcider bij. Lekker gezond en met minder alcohol dan wijn. Maar als je alles samen op tafel wilt zetten, moet er wel een eenheid in je menu zitten, daarom kies ik voor één hoofdingrediënt: bijvoorbeeld courgette. Hetzelfde ingrediënt maar op een andere manier bereid geeft eenheid, diepgang en rust aan een menu. Bovendien verteert het allemaal veel beter.

COURGETTE MET ZEEBAARS

werk: 15 minuten – gaartijd: 25 minuten

Dit gerecht brengt het zonnetje in huis, wellicht door de zuiderse invloeden: zeebaars, courgette en Provençaalse kruiden. Heerlijk met een glaasje wijn. De courgettes serveer ik vaak als extra groente op tafel bij etentjes en hebben altijd succes. Zie menu p. 38.

1 GROENE COURGETTE
1 GELE COURGETTE
2 ZEEBAARSFILETS

EEN HANDVOL AMANDELNOTEN OF AMANDELMEEL
PROVENÇAALSE KRUIDEN (GEDROOGD OF VERS)
RUCOLA
BASILICUM

Snijd de courgette in dunne plakjes (dit gaat het snelst met een mandoline) en schik ze dakpansgewijs en kleur om kleur in een ovenschaal.
Mix de noten fijn met veel Provençaalse kruiden en strooi ze over de courgetteplakjes. Kruid met peper en zout, giet er olijfolie over in een dunne straal en verdeel het notenmengsel mooi over de courgetteplakjes. Zet ze 25 minuten in een warme oven op 180 °C. Bak intussen de zeebaars, eerst een 3-tal minuten op de velkant en dan nog eens 2 tot 3 minuten aan de andere kant, afhankelijk van de dikte.
Meng wat rucola en basilicum met wat olijfolie.
Schik de vis aan de ene kant van het bord en de courgetteplakjes aan de andere kant. Leg het slaatje in het midden en werk af met wat olie.

Een zalig verfijnd gerecht,
zonder al te veel werk.

COURGETTEPAKJES OPGEVULD MET VIS EN KRUIDEN

werk: 20 minuten – gaartijd: 25 minuten

Dit gerechtje maak ik klaar als het iets speciaals mag zijn, als ik mezelf en mijn man wil verwennen. Het is bijzonder lekker en verrassend, maar er is wel wat werk aan. Bovendien heb je ook twee vormpjes nodig die in de oven kunnen. Ik gebruik kleine bakvormpjes voor cakejes. In sommige supermarkten verkopen ze gegrilde courgette, dat maakt het al een pak eenvoudiger.

1 GROTE COURGETTE
200 G WITTE VIS (WIJTINGFILET, ZEEBAARS, KABELJAUW...)

1 LENTE-UI
WAT GEDROOGDE PROVENÇAALSE KRUIDEN
KERSTOMAATJES
VERSE TIJM (VOOR DE AFWERKING)

Snijd een twaalftal mooie, brede plakjes van de courgette met een dunschiller of mandoline. Gril de plakjes courgette een 5-tal minuten in de oven of in een grillpan zonder olie, tot ze lichtjes beginnen te verkleuren. Snijd de rest van de courgette in kleine blokjes.
Snijd de vis in blokjes en versnipper de lente-ui. Meng de vis, de lente-ui en de Provençaalse kruiden met wat peper en zout en een beetje olie. Neem een vormpje dat in de oven kan (bijvoorbeeld om taartjes in te bakken) en smeer het in met olie. Vul het dan met de courgetteplakjes, zoals op de foto. Vul de courgette op met het vismengsel en duw de vulling heel stevig aan met de palm van je hand. Vouw de courgette over de vis zodat het vormpje mooi gesloten is. Herhaal dit voor het tweede vormpje. Doe de kerstomaatjes in een ovenschaaltje met eventueel wat verse tijm. Zet de schaaltjes met de vis en de tomaatjes 15 tot 20 minuten in de oven op 180 °C. Haal de schaaltjes uit de oven en keer de bakvormpjes voorzichtig om op een bord. Serveer er de gestoofde tomaatjes bij.

Voor die speciale gelegenheden waarop
je verrassend wilt uitpakken

artisjokken

mooi en aristocratisch

Geen groente zo mooi, fotogeniek en voedzaam als artisjok, maar wie ervan wil genieten, zal er eerst een beetje voor moeten afzien.

Een artisjok is eigenlijk een grote bloemknop van een distelsoort. Als je die laat doorgroeien, krijg je verrassend mooie bloemen. Het hooi groeit dan uit tot prachtige paarse draden, heel bijzonder. Veel bloemkunstenaars verwerken ze in artistieke boeketten, maar je kunt ze ook gewoon zelf bestellen bij de bloemist. Een paar van die bloemen in een vaas op tafel maken al indruk op je gasten, zeker als je dan ook nog eens artisjokken serveert.

Artisjokken hebben veel te bieden: schoonheid, een delicate smaak en veel gezondheidsvoordelen. Maar ze geven zich niet gemakkelijk bloot. Wil je ervan genieten, dan zul je eerst een beetje moeten afzien. Artisjokken schoonmaken vergt namelijk tijd en kennis. Als je eenmaal doorhebt hoe het moet, is het nochtans best een leuk werkje. Het helpt al als je weet dat slechts een vierde van een grote artisjok eetbaar is. Met andere woorden: je mag drie vierde wegsnijden. En als je niet houdt van dat droge stekelige hooi, koop je gewoon jonge artisjokken; die hebben nog geen hooi ontwikkeld en dat maakt ze gemakkelijker om te verwerken.

Artisjokken zijn ook goed voor je gezondheid. Ze zijn een bron van prebiotica, zeg maar voeding voor de gezonde darmbacteriën. Dankzij de stof cynarine werken artisjokken ontgiftend voor het lichaam. Ze zijn ook bijzonder rijk aan foliumzuur en flavonoïden. Deze groente kan dus helpen in de strijd tegen hart- en vaatziekten, kanker, leveraandoeningen en ontstekingen.(1),(2)
Meer dan redenen genoeg om aan de slag te gaan met artisjokken.

(1) Mileo, A.M., Di Venere, D., Linsalata, V., Fraioli, R. & Miccadei, S., Artichoke polyphenols induce apoptosis and decrease the invasive potential of the human breast cancer cell line MDA-MB231, in Journal of Cellular Physiology, september 2012, 227(9):3301-9, doi: 10.1002/jcp.24029.
(2) Miccadei, S., Di Venere, D., Cardinali, A., Romano, F., Durazzo, A., Foddai, M.S., Fraioli, R., Mobarhan, S. & Maiani, G., Antioxidative and apoptotic properties of polyphenolic extracts from edible part of artichoke (Cynara scolymus L.) on cultured rat hepatocytes and on human hepatoma cells, in Nutrition and Cancer, 2008, 60(2):276-83, doi: 10.1080/01635580801891583.

ARTISJOKKEN MET ALBACORETONIJN

werk: 20 minuten – gaartijd: 25 minuten

Als het mooi weer is en we kunnen buiten eten, is dit een gerecht dat vaak op het menu staat.

8 JONGE MALSE ARTISJOKKEN
2 STUKKEN ALBACORETONIJN (ZIE TIP)
1 GROTE UI
2 GROTE TOMATEN

EEN PAAR TAKJES ROZEMARIJN
EEN HANDVOL BLADPETERSELIE

Maak de jonge artisjokken schoon (zie tip). Snijd de tomaten in kwarten, verwijder het vocht en de zaadjes en snijd het vruchtvlees in blokjes. Snijd de ui grof en de vis in grote stukken.
Bak de artisjokken enkele minuten in olijfolie. Voeg de ui en de tomatenblokjes toe en laat een vijftal minuten rustig stoven. Giet er 0,25 liter water bij. Kruid met peper en zout en leg er takjes rozemarijn bij. Zet een deksel op de pan en laat een 10-tal minuten voort koken. Voeg de vis en de grof geneden peterselie toe en laat alles nog een 5-tal minuten koken. In totaal zullen de artisjokken een 25-tal minuten hebben gekookt. Serveer in een diep bord.

Tip: albacoretonijn

Blauw- en geelvintonijn zijn niet aan te raden vanwege de overbevissing. Albacoretonijn, ook wel witte tonijn genoemd, is kleiner en heeft roziger vlees. Deze vis is niet bedreigd. Steeds meer vishandelaars verkopen albacoretonijn.

Tip: jonge artisjokken schoonmaken

Jonge artisjokken schoonmaken is echt geen werk. Trek de taaie buitenste blaadjes af tot je enkel nog zachte blaadjes overhoudt (zie foto 1 en 2 p. 50). Snijd de bovenste helft van de artisjok weg (zie foto 3 p. 50). Als er geen steel aan zit, snijd je een kleine centimeter weg aan de onderkant. Leg de schoongemaakte artisjok in water met wat azijn zodat ze niet verkleurt.

ARTISJOKKEN UIT DE OVEN MET TOMATEN EN ANSJOVIS

werk: 15 minuten – gaartijd: 25 minuten

Ik houd ervan om verschillende schotels op tafel te zetten, zeker als ik gasten heb. Dit is dan een van mijn favorieten. Ik vind het heerlijk als iedereen zelf kan opscheppen en kiezen wat hij of zij wil. Van deze schotel blijft nooit iets over, iedereen smult ervan en vindt de buitenste krokante blaadjes heerlijk. Ik maak dit gerecht enkel klaar als ik jonge artisjokken vind, omdat die heel gemakkelijk schoon te maken zijn en ik alles mooi van tevoren kan klaarmaken.

8 JONGE ARTISJOKKEN
50 G GEDROOGDE TOMATEN IN OLIE
20 G ANSJOVIS
3 KNOFLOOKTEENTJES

Maak de artisjokken schoon (zie p. 46, artisjokken met albacoretonijn). Kook ze een 15-tal minuten in water met een flinke scheut olijfolie en peper en zout. Doe intussen de gedroogde tomaten, ansjovis, knoflook en een flinke scheut olijfolie in een blender en mix tot een grove, dikke pasta.

Haal de artisjokken uit het water, leg ze in een ovenschaal en laat ze even afkoelen. Trek de buitenste blaadjes wat open en wrijf de tomatenpasta ertussen. Wat je overhebt, lepel je ernaast.

Zet de schaal een 10-tal minuten in een warme oven op 180 °C, of tot de artisjokken bovenaan beginnen te kleuren.

Dit is een passe-partoutbijgerecht. Het past bij alles en geeft veel smaak en kleur aan tafel.

SALADE VAN JONGE ARTISJOKKEN MET LINZEN

werk: 15 minuten – gaartijd: 30 minuten

8 À 10 JONGE ARTISJOKKEN
300 G DROGE GROENE LINZEN (ZIE TIP)
10 KLEINE TOMAATJES
3 KNOFLOOKTEENTJES
2 WORTELEN

1 BOSJE BLADPETERSELIE
1 CITROEN

Maak de jonge artisjokken schoon. Trek de buitenste blaadjes van elke artisjok tot de blaadjes zacht beginnen te worden. Dat komt neer op het verwijderen van ongeveer de helft van de bloemblaadjes. Snijd de steel af op 3 centimeter onder de bloemknop en verwijder de harde buitenste schil van de steel. Snijd de bovenste helft van de blaadjes af. Snijd voor dit gerecht de artisjok ook in de lengte door. Leg de artisjok in water met wat citroen om verkleuring tegen te gaan.

Spoel de linzen goed. Doe ze in een pot en doe er twee keer zoveel water bij (of volgens de aanwijzingen op de verpakking). Snijd de wortelen in stukjes, versnipper de knoflook en voeg beide bij de linzen. Leg er de artisjokken bij, kruid met peper en zout en giet er een flinke scheut olijfolie bij. Laat alles ongeveer 30 minuten koken tot het water helemaal is opgenomen. Hak intussen de peterselie fijn en halveer de tomaatjes. Is alles gaar, meng dan alle ingrediënten goed door elkaar. Serveer deze salade met enkel wat extra vierge olijfolie, heerlijk.

Tip: groene linzen

Ik kies voor groene linzen omdat die ongeveer 30 minuten moeten koken. Alles is dan samen gaar, ook de groenten.

ARTISJOKKEN MET LAMSVLEES

werk: 20 minuten – gaartijd: 40 minuten

Dit gerecht kan ik de hele zomer lang wel iedere week eten, tenminste als ik jonge artisjokken vind. Ik krijg er maar niet genoeg van. De heerlijke zuiderse smaken brengen iedereen in beroering. Ik heb al vele mooie avonden in heerlijk gezelschap doorgebracht, begeleid door dit recept.

400 G LAMSSTOOFVLEES
8 JONGE MALSE ARTISJOKKEN
2 GROTE TOMATEN

6 SJALOTJES
4 KNOFLOOKTEENTJES
EEN PAAR TAKJES ROZEMARIJN
2,5 DL WITTE WIJN

Bak het lamsvlees een 20-tal minuten rondom bruin in wat boter of kokosvet.
Snijd intussen de tomaten in kwarten, verwijder het zaad en het vocht en snijd het vruchtvlees in blokjes. Verwijder enkel de buitenste droge schillen van de sjalot, maar laat ze heel. Versnipper de knoflook.
Haal het vlees, als het rondom mooi bruin is, uit de pan en zet het even opzij. Giet het vet uit de pan maar laat het aanbaksel erin. Zet de pan terug op het vuur en voeg de tomatenblokjes, de knoflook, de witte wijn en de artisjokken toe. Leg er ook het vlees weer bij. Kruid met peper en zout. Zet het deksel op het vuur en laat een 20-tal minuten stoven, of tot het vlees zacht is. Serveer met wat verse rozemarijn.

op mooie zomeravonden
waan je je in de Provence
met dit gerecht

spinazie

Lentefrisse verse spinazie met waterdruppels als morgendauw. Mijn verbeelding slaat op hol wanneer ik die heerlijke groente schoonspoel in een geëmailleerd ijzeren vergiet. Het is de kleur die het hem doet.

Er is olijfgroen, er is muntgroen, er is dennengroen, maar het allermooiste groen in de keuken is spinaziegroen, de kleur van de lente, van de hoop, van het leven. En spinazie is niet alleen mooi, maar vooral lekker en gezond. Het is de groene groente bij uitstek.

Spinazie komt oorspronkelijk uit Perzië maar is eeuwen geleden door de Arabieren naar Europa gebracht. Al sinds de middeleeuwen eten we hier spinazie. Maar er is nogal veel controverse rond. Door sommigen wordt spinazie verheerlijkt omdat ze goed zou zijn tegen bloedarmoede, vermoeidheid, constipatie, hormonale problemen, zenuwproblemen, tegen veroudering en tegen hart- en vaatproblemen. Door anderen wordt spinazie verguisd: ze bevat oxaalzuur, een nitraat dat omgezet kan worden in nitriet, ijzer dat niet wordt opgenomen door het lichaam.

Ik kan je helemaal geruststellen: zelfs de Stichting Voedingscentrum Nederland heeft haar advies over het eten van groenten herzien. Alle beperkende adviezen werden opgegeven. Je mag gerust vaker dan twee keer per week spinazie eten, en ook de combinatie van vis met spinazie vormt geen enkel gezondheidsprobleem. Het opnieuw opwarmen is evenmin een probleem, mits je de spinazie eerst goed en snel laat afkoelen, maar dat geldt voor alle voedingswaren die je opnieuw wilt opwarmen. Meer nog, volgens recent onderzoek blijken nitraatrijke groenten zoals rode bieten en spinazie nu zelfs positieve effecten te hebben op het uithoudingsvermogen. Spinazie zorgt ervoor dat de energievoorziening van je spieren efficiënter wordt en daardoor neemt je uithoudingsvermogen toe. Had Popeye dan toch gelijk?

Nu alle fabels uit de wereld zijn, heb je geen enkele reden meer om te twijfelen aan de superkwaliteiten van spinazie.

En voor de echte liefhebbers: kweek zelf je spinazie. Moeilijk is dat niet en je hebt keuze uit verschillende rassen met namen die tot de verbeelding spreken: Reuzenblad, Scherpzaad, Hiverna, Zwaan's Spirit en... Spinoza. Ja, inderdaad, een spinazieras met de naam van de bekendste Nederlandse filosoof en denker. Wat een prachtige groente toch, die spinazie.(1)

(1) www.whfoods.com/genpage.php?tname=foodspice&dbid=43

SOEP VAN SPINAZIE MET AMANDELSCHILFERS EN EEN EITJE

werk: 20 minuten – gaartijd: 15 minuten

Een soepje kan zo zalig smaken, en zeker dit romige spinaziesoepje. Het is ideaal voor een kleine honger en geeft je een boost aan vitaminen, mineralen en gezonde vetten.

500 G SPINAZIE
1 KLEINE UI
1 DL ROOM
1 EI
EEN HANDVOL AMANDELSCHILFERS

Snijd de ui fijn en stoof hem in wat olijfolie. Voeg de spinazie toe en laat slinken. Haal een deel van de spinazie eruit voor de afwerking en zet opzij.
Voeg de room toe, kruid met peper en zout en laat even doorkoken. Mix de soep. Kook het eitje 5 minuten.
Zet de amandelschilfers een 6-tal minuten in een warme oven op 180 °C, tot ze lichtbruin beginnen te worden.
Verdeel de soep over de borden, leg er de spinazie en het eitje in en werk af met de amandelschilfers.

SPINAZIE MET PITTIGE KRUIDEN EN CASHEWNOTEN

werk: 15 minuten – gaartijd: 25 minuten

Dit was een van mijn lievelingsvoorgerechten in Bali. Alles waar ik van houd in één bord: groen, verse pittige kruiden en noten, zalig. Bij dit gerecht gebruik ik liever kokosvet dan olijfolie, omdat het een zachte smeuïge smaak aan de spinazie geeft.

EEN HANDVOL CASHEWNOTEN
200 G VERSE SPINAZIE
EEN HANDVOL VERSE BLADKRUIDEN
(PETERSELIE, KORIANDER, BASILICUM...)
1 CM GEMBER
2 KNOFLOOKTEENTJES
1/2 RODE CHILIPEPER

Zet de noten een 7-tal minuten in een warme oven op 180 °C, of tot ze lichtbruin zijn. Snijd de gember en de knoflook in flinterdunne plakjes en de chilipeper in fijne ringetjes. Stoof deze kruiden 1 minuut in flink wat olijfolie of kokosvet en voeg de verse spinazie toe. Roerbak tot alles geslonken is. Hak de bladkruiden grof en houd wat opzij voor de afwerking. Roer de rest vlak voor het serveren onder de spinazie. Werk af met de noten en nog wat verse bladkruiden.

Een soepje dat je gelukkig maakt door de kleur, de heerlijk romige smaak en het eitje.

SPINAZIE MET BRIE EN TRUFFEL

werk: 15 minuten – gaartijd: geen

De zachte, smeuïge brie in combinatie met de krokante spinazie en selder is heerlijk. Spinazie eet ik heel graag rauw, zeker als het een stevig dik blad is. Dat is lekker krokant en op die manier geniet je ten volle van alle voedingsstoffen die spinazie te bieden heeft. Ik houd ook ontzettend van brie, maar ik vind dat er wel iets extra's bij mag om het nog aantrekkelijker, mooier en smakelijker te maken. Brie halveren is een leuke oplossing, al geef ik toe dat het prutswerk is. Je kunt hem dan opvullen met een notenmengeling of nog exquiser, met truffel. In het seizoen kun je verse truffel gebruiken, maar ook truffelschilfers of truffel uit een potje doen het heel goed.

EEN SPIE RIJPE BRIE
EEN POTJE TRUFFELSCHILFERS

SALADE:
2 HANDENVOL RAUWE SPINAZIE
1 STENGEL SELDER
1/2 UI
EEN KLEINE HAND GEHAKTE PISTACHENOTEN
1 CITROEN (OPTIONEEL)
NOTENOLIE (OPTIONEEL)

Halveer de spie brie in de lengte, leg er de truffelschilfers tussen en schik de helften weer op elkaar. Indien de brie zeer lopend is, kun je hem het beste even in de ijskast zetten zodat hij weer wat harder wordt. Maak een slaatje van wat fijngesneden rauwe spinazie, ui, selder en gehakte pistachenoten. Meng het met wat olijfolie of een notenolie en citroensap. Haal de brie uit de ijskast en snijd er plakjes van een halve centimeter af. Serveer met wat salade.

Een exquis voorgerechtje

SPINAZIE-PANNENKOEK

werk: 5 minuten – gaartijd: 15 minuten – voor 4 pannenkoeken

Iedereen wordt blij van pannenkoeken, maar van deze hartige, groene versie raken sommigen in extase. Ook wie ze klaarmaakt, want er is geen werk aan. Het leuke is dat het groen van de spinazie heel fel blijft, ook na het bakken. Ik eet ze graag met een beetje notenolie, sojasaus en wat versnipperde lente-ui, maar soms rol ik ze op met wat rucola en tomaat, rauw of gestoofd. Ook met wat verbrokkelde fetakaas ertussen zijn ze heerlijk.

4 EIEREN
2 HANDENVOL SPINAZIE (CA. 100 G)

LENTE-UITJES
SESAMZAADJES
SOJASAUS
NOTENOLIE

Doe de eieren, de verse spinazie en een scheut olijfolie in een blender en mix goed tot het ei helemaal groen kleurt. Kruid met peper en zout. Bak zoals een gewone pannenkoek. Spreid het eimengsel eventueel uit met een spatel. Zodra de pannenkoek aan de bovenkant droog is, ook in het midden, kun je hem voorzichtig oprollen in de pan. Dit is ook het moment om eventueel een extra ingrediënt als feta toe te voegen. Deze pannenkoek draai je dus niet om maar bak je maar aan één kant. Serveer met versnipperde lente-ui, sesamzaadjes en een sausje van sojasaus en notenolie.

van deze pannenkoeken
wordt iedereen blij

KABELJAUW MET SPINAZIE,

TOMAAT, AUBERGINE EN PESTO VAN PISTACHENOTEN

werk: 15 minuten – gaartijd: 25 minuten

Dit is een gerecht waar mijn man gelukkig van wordt. Hij houdt van spinazie en kabeljauw en dat kruidenkorstje geeft de vis nog iets extra's. De spinazie krijgt een romige structuur door de aubergine en de tomaat.

1 KABELJAUWHAASJE, ONGEVEER 400 G
300 G VERSE SPINAZIE
2 TOMATEN
1/2 AUBERGINE

EEN BUNDEL BASILICUM
EEN HANDVOL PISTACHENOTEN
1 KNOFLOOKTEENTJE

Snijd de tomaten in kwarten, verwijder het vocht en de zaadjes en snijd het vruchtvlees in blokjes. Snijd de aubergine in kleine blokjes. Versnipper de knoflook. Giet flink wat olijfolie in een pan en voeg de aubergineblokjes toe. Roerbak 2 minuten en voeg dan de tomatenblokjes toe. Roerbak nog eens 2 minuten en voeg de knoflook en de spinazie toe. Laat een 20-tal minuten sudderen en roer regelmatig. Voeg eventueel nog wat olie toe als het te droog wordt. Kruid met peper en zout.
Doe de noten, het basilicum, peper, zout en drie eetlepels olie in een blender en mix tot een dikke tapenade. Voeg eventueel nog wat olie toe.
Snijd de kabeljauw in de lengte in tweeën en leg de stukken in een ovenschaal. Lepel de tapenade over de filets, druk aan en zet de schaal een 15-tal minuten in een warme oven op 180 °C. Schik de vis op de groenten.

De krokante pesto combineert heerlijk met de smeuïge spinazie

Dit is zo'n heerlijk verrassend gerecht!
Ideaal als lunch of bijgerecht.

SPINAZIE MET OLIJVEN EN INGELEGDE CITROEN

werk: 10 minuten – gaartijd: 10 minuten

Spinazie is zo lekker met ingelegde citroen. Kies spinazie met een groot blad, die is veel steviger. Ben je nog niet vertrouwd met ingelegde citroen, dan moet je dat zeker eens proberen. De kans is heel groot dat je het nog vaker zult gebruiken. Ingelegde citroenen vind je in een Marokkaanse winkel of op de markt. Hiervan gebruik je enkel de schil, het vruchtvlees wordt altijd verwijderd. Je kunt de schil van ingelegde citroen verwerken in stoofschotels, het is heerlijk met kip, in zomerse kruidensausjes of in groenteschotels zoals hier. Het is absoluut een aanrader voor wie op zoek is naar dat tikkeltje meer: het is eenvoudig te bewaren en te gebruiken en het geeft extra diepgang aan je gerecht.

1 INGELEGDE CITROEN (ZIE INLEIDING)
EEN HANDVOL ONTPITTE GROENE OLIJVEN (OF ANDERE DIE JE LUST)
400 G SPINAZIE
2 KNOFLOOKTEENTJES

Snijd de citroen in kwarten, haal het vruchtvlees eruit en snijd de schil in kleine stukjes. Hak de knoflook fijn en halveer de olijven.
Stoof de spinazie met de citroenstukjes, de olijven en de knoflook, en kruid met peper en zout. Serveer als lunch of bijgerecht bij vis of vlees.

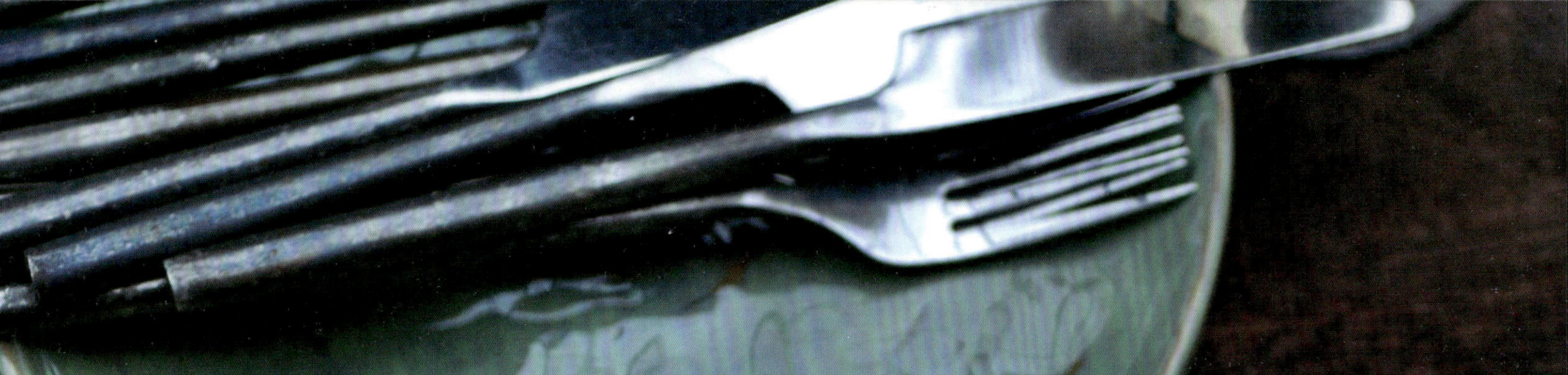

SPINAZIENESTJES MET MOZZARELLA

werk: 15 minuten – gaartijd: 15 minuten – voor 4 nestjes

Deze spinazienestjes zijn heerlijk en een lust voor het oog. Ik serveer ze vaak als bijgerecht bij een kaasschotel of als lichte lunch met een slaatje. Ze zijn ook ideaal als bijgerecht als je gasten hebt. Iedereen is er dol op en je kunt alles mooi van tevoren voorbereiden. De nestjes moeten dan enkel nog de oven in. Kies voor spinazie met grote bladeren en laat de steel eraan, dan kun je makkelijker nestjes maken.

400 G VERSE SPINAZIE
1 BOLLETJE MOZZARELLA

EEN HANDVOL PIJNBOOMPITTEN
KURKUMA OF ZOETE PAPRIKA (VOOR DE AFWERKING)

Stoof de spinazie in wat olijfolie tot ze helemaal geslonken is. Kruid met peper en zout. Zet de pan van het vuur en laat een beetje afkoelen. Snijd intussen de mozzarella in stukjes.

Neem een grote vork en draai er spinazie op (zoals je met spaghetti zou doen). Leg het nestje in een ongeoliede ovenschaal, werk de vorm een beetje bij met je vingers en duw een holte in het midden. Maak zo vier nestjes. Verdeel er de mozzarella over en strooi er wat kurkuma of zoete paprika (voor de kleur) en pijnboompitten over. Zet een 10-tal minuten in de oven op 180 °C, of tot de mozzarella helemaal gesmolten is.

Gasten, groot en klein: iedereen is dol op deze spinazienestjes!

SPINAZIE MET CURRY EN SCAMPI

werk: 5 minuten – gaartijd: 15-20 minuten

Als ik weinig tijd heb, probeer ik vooral te werken met ovenschotels. Dat betekent minder werk en weinig afwas. Dit gerecht is op dat vlak een voltreffer, en ik kan je verzekeren: de smaken zijn heel intens. Gebruik vooral dikke kokosmelk, anders wordt de saus te lopend.

400 G VERSE SPINAZIE
12 GROTE SCAMPI
0,5 DL DIKKE KOKOSMELK

GROENE CURRYPASTA (ZIE TIP)
RAS EL HANOUT (ZIE TIP P. 186)

Meng een paar lepels currypasta met de kokosmelk. Neem een grote kom en meng hierin de verse spinazie met het kokos-currymengsel. Kruid het indien nodig nog wat met peper en zout en schep het over in een ovenvaste schaal. Zet de schaal 15 tot 20 minuten in een voorverwarmde oven op 180 °C.
Doe nu de scampi in de kom en meng ze met drie eetlepels olijfolie en een grote eetlepel ras el hanout. Meng goed tot alles mooi geel kleurt. Tien minuten voor het einde van de baktijd schik je de scampi op de spinazie en laat je ze mee garen.

Tip: groene currypasta

Let op met currypasta, sommige zijn heel pikant, andere heel zacht. Voeg lepel per lepel toe, proeven is de boodschap.

Voor als het snel moet gaan
maar je toch wilt uitpakken
met iets lekkers en moois.

broccoli

de groene bloem

Weet wat je eet en alles wordt zoveel lekkerder. Neem nu broccoli. Bekijk hem goed, tot in detail, ruik eraan, bestudeer de fijne structuur. En wat zie je? Aan de dikke steel ontwikkelen zich clusters van groene bloemknopjes, dus broccoli is eigenlijk een onrijpe bloem. En typisch voor bloemen is dat ze een sterke geur verspreiden of felle kleuren hebben. In het geval van broccoli is dat vooral de intense groene kleur. Zeker biologisch geteelde broccoli vertoont een heel gamma van verschillende tinten groen, die diepte geven aan de onrijpe bloem.

Broccoli is familie van de kool en onderzoek heeft uitgewezen dat hij is ontstaan in Italië. Het is dus niet verwonderlijk dat je daar broccoli vindt in verschillende vormen, geuren en kleuren, van korte paarse tot lange wilde broccoli. Bij ons vind je ook steeds vaker de kleine, lange broccolini, die ik heel graag gebruik om eens te variëren en omdat je hem mooi kunt schikken op het bord. Broccoli is ook een bijzonder voedzame groente, die regelmatig opduikt in allerlei onderzoeken naar kanker. Er zijn sterke aanwijzingen dat broccoli stoffen bevat die de kans op diverse kankers kunnen verminderen.(1) Broccoli versterkt ons immuunsysteem omdat hij veel vitaminen en mineralen bevat, maar vooral ook secundaire plantenstoffen, zoals glucosinolaten. Wil je ten volle kunnen genieten van deze gezondheidsvoordelen, gaar de broccoli dan kort in weinig water en eet hem beetgaar. Dat is zonder twijfel ook veruit het lekkerste. Een platgekookte broccoli is niet smaakvol, belangrijke stoffen gaan verloren en hij ruikt bovendien niet lekker. Dat is vaak de reden waarom veel mensen denken dat ze geen broccoli lusten. Maar gaar hem op een goede manier, bijvoorbeeld in een beetje vet met een scheut water erbij, en een paar minuten later heb je een heerlijke, mooie, knalgroene en aantrekkelijke groente die je in allerlei gerechten kunt verwerken. Een groente waar je gelukkig van wordt, dus hoe meer je ervan eet, hoe beter.

(1) www.tegenkanker.nl/project/antikankerstoffen-in-groenten

RAUWE ZALM MET BROCCOLIRIJST

werk: 10 minuten – gaartijd: 3 minuten – voor 10 stukjes zalm

Ik houd ervan als ingrediënten terugkomen in het voor- en hoofdgerecht, maar dan wel op een andere manier bereid. Dat brengt een lijn en subtiliteit in een menu. Dit is een ideaal hapje of voorgerecht bij een hoofdgerecht met broccolipuree, zoals tong met broccolipuree (zie p. 76). Dan kun je de buitenste laag van de broccoli gebruiken voor dit recept en de rest verwerken tot puree.

1 BROCCOLI
100 G RAUWE VERSE ZALM
1 NORIVEL (ZIE TIP)

1 KOFFIELEPEL WASABI (ZIE TIP)
SOJASAUS
SESAMZAADJES (AFWERKING)

Snijd de buitenste laag van de broccoli af, op ongeveer 3 millimeter, zodat je allemaal kleine roosjes krijgt (denk aan bloemkoolcouscous). Roerbak de broccoliroosjes 1 tot 2 minuten in olijfolie met een scheutje sojasaus en een koffielepel wasabi, zodat ze nog beetgaar zijn. Schep ze in een kom en laat afkoelen. Snijd de zalm in plakjes en knip het norivel in reepjes. Leg de plakjes zalm en de reepjes nori op de broccolirijst en werk af met sesamzaadjes. Serveer met extra sojasaus, wasabi en sesamzaadjes.

Tip: nori en wasabi

Nori is zeewier, bekend van rond sushi. Wasabi is Japanse mosterd en wordt vaak geserveerd bij sushi en sashimi. Beide zijn gemakkelijk te vinden in de supermarkt.

Een variant op sushi, maar hier is de rijst vervangen door smaakvolle, kort gebakken broccoli. Ideaal als hapje of voorgerecht.

BROCCOLI MET LAMSVLEES IN KOKOS-CURRYPASTA

werk: 10 minuten – gaartijd: 15 minuten

Dit gerecht biedt heerlijke volle smaken, ideaal voor op die dagen dat je gezelligheid zoekt in eten. Eigenlijk heb ik een combinatie gemaakt van mijn lievelingsingrediënten. Om de mooie groene kleur van de broccoli te behouden maak ik hem klaar in een aparte pan, maar als het snel moet gaan, stoof ik de broccoli samen met het vlees. Dan heb je maar één pan nodig en dus minder afwas.

1 BROCCOLI
300-400 G LAMSFILET
1 BLIK KOKOSMELK (NIET AL TE DIK)
1 EETLEPEL GROENE CURRYPASTA

Snijd de broccoli in roosjes en stoof ze in een pan met wat olijfolie en een scheut water. Stoof ze beetgaar of zachter, zoals je wenst. Kruid met peper en zout.
Snijd het vlees in stukken en kleur het in een andere pan in wat olijfolie. Voeg de kokosmelk en de groene curry toe en laat het geheel nog een 3-tal minuten stoven.
Lepel het vlees met de kokosmelk in een diep bord en schik er de broccoli over.

HARTIGE BROCCOLITAART MET MOZZARELLA

werk: 15 minuten – gaartijd: 25 minuten

Dit gerechtje is in een handomdraai klaar. Ik serveer het met een kruidensalade als de vriendinnen op bezoek komen. Maar het is ook een inspirerend gerecht om mee te nemen. Je kunt er heel veel variaties op maken met verschillende groenten: tomaten, wortelen, courgette... Apart of samen, het kan niet mislukken. Nog een praktische tip: leg bakpapier in de schaal om de taart er nadien gemakkelijk uit te halen.

1 BROCCOLI
1 BOLLETJE MOZZARELLA
6 EIEREN
2 DIKKE BUNDELS BASILICUM (40 G)

Mix de eieren met het basilicum in een blender tot het eimengsel groen kleurt. Kruid met peper en zout. Bak de broccoliroosjes in 3 à 4 minuten beetgaar (of zachter, zoals je wenst) in wat olijfolie met een scheutje water. Giet het eimengsel in een vuurvaste schaal en leg er de broccoliroosjes in. Snijd de mozzarella in plakjes en schik ze tussen de broccoli. Zet de taart een 20-tal minuten in de oven op 180 °C.

ook ideaal voor 'on the road'
of gewoon als de vriendinnen langskomen

TONG MET BROCCOLIPUREE

EN BOTERSAUS MET TOMATEN, ANSJOVIS EN AMANDELSCHILFERS

werk: 25 minuten – gaartijd: 20 minuten

Dit is een heerlijk gerecht om voor z'n tweetjes te maken. Het doet een beetje denken aan de klassieke keuken, maar met meer groenten en meer kleur. Jammer genoeg heb je er, zoals vaak in de klassieke keuken, drie pannen voor nodig, maar ik heb dat er graag voor over, zeker als ik weet dat ik er mijn man gelukkig mee kan maken.

400 G BROCCOLI
2 TONGEN, VEL EN BUITENSTE KLEINE GRAATRAND VERWIJDERD

SAUS:
BOTER
10 KLEINE TOMAATJES
2 ANSJOVISFILETS
10 G PETERSELIE
1 EETLEPEL AMANDELSCHILFERS

Snijd de broccoli in roosjes. Verwijder de schil van de steel en snijd de steel in plakjes. Kook de roosjes en plakjes broccoli gaar in water met een flinke scheut olijfolie, peper en zout. Giet dan het water af, zet de pan terug op het vuur en giet er nog een flinke scheut olijfolie bij. Roerbak even en stamp tot een dikke brij.
Bak de tongen in boter met wat zout en peper, ongeveer 4 minuten aan elke kant.
Maak nu het sausje. Halveer de tomaatjes, snijd de ansjovis in kleine stukjes en versnipper de peterselie. Verwarm flink wat boter in een pannetje op een laag vuur. Doe hierin de tomaatjes, de peterselie, de ansjovis en de amandelschilfers. Laat een paar minuten stoven, zodat de ingrediënten hun smaken afgeven, en let erop dat de boter niet bruin wordt. Je kunt er peper bijdoen maar zout hoeft niet, ansjovis is al zout genoeg. Lepel de broccolipuree op de borden, schik daarop de vis en werk af met de heerlijke saus.

Tong smaakt altijd, en zeker met die heerlijke kruidige boter.

ZALM MET BROCCOLI, AVOCADO EN EEN OOSTERS SAUSJE

werk: 15 minuten – gaartijd: 15 minuten

Dit gerecht is een aanrader voor als je eens iets anders wilt. Het sausje is heerlijk, maar ook de avocado in combinatie met de warme groenten is zalig verrassend. De zalm is nog rosé vanbinnen, dat heb ik het liefste. En, mooi meegenomen, er is weinig werk aan. Hier heb ik voor broccoli met lange steeltjes gekozen, maar die vind je niet altijd. Gewone broccoli is ook goed.

2 DIKKE ZALMFILETS
400 G BROCCOLINI OF 1 BROCCOLI
1 AVOCADO
SESAMZAADJES (AFWERKING)

SAUS:
35 G TOMATENPUREE (1/2 KLEIN POTJE)
10 EETLEPELS SOJASAUS
2 EETLEPELS DIKKE BALSAMICOAZIJN

Kook de broccoliroosjes beetgaar in water met een flinke scheut olijfolie en peper en zout. Snijd de avocado in tweeën, verwijder de pit, pel de schil er af en snijd het vruchtvlees in blokjes. Snijd de zalmfilets diagonaal in tweeën zodat je vier driehoekjes hebt.
Maak nu het sausje. Meng de tomatenpuree, de sojasaus en de balsamico, giet het sausje in een pan en laat het heet worden. Wentel de zalm erin en laat hem hooguit 2 tot 3 minuten bakken zodat de binnenkant mooi rosé blijft.
Schik de zalm op de borden. Doe de broccoli en de avocadoblokjes in de pan, wentel ze even in de saus en schik ze rond de zalm. Werk af met wat sesamzaadjes.

Dit gerecht heeft
verrassend veel smaak
door het heerlijke sausje

Ideaal recept om restjes
te verwerken, zelfs als je
gasten hebt.

GROENTEN MET KAAS

werk: 5 minuten – gaartijd: 15 minuten

Dit recept is ontstaan toen ik groenterestjes wou verwerken en nog wat plakjes kaas overhad. Het idee is dat je de restjes in een ovenschaal doet, daarop verse kruiden legt, eindigt met plakjes kaas en hop, de oven in. Het werkt ook voor een zomerse salade, je kunt onder de kaas leggen wat je wilt. Probeer maar eens! Voor dit recept heb ik kleine porties geserveerd, als hapje.

400 G GROENTEN (BOONTJES, ASPERGES...)
1 LENTE-UI
2 HANDENVOL VERSE KRUIDEN
(BLADPETERSELIE, BIESLOOK...)
0,5 DL ROOM
6 PLAKJES JONGE KAAS

Kook de groenten gaar in wat water met een scheut olijfolie. Snijd de lente-ui fijn. Giet het water af, meng de groenten met de room, de lente-ui en kruid met peper en zout. Schik ze in een ovenschotel, verdeel er de grof gehakte verse kruiden over en leg er de kaas op. Zet een 10-tal minuten in een voorverwarmde oven op 180 °C of tot de kaas is gesmolten en lichtbruin kleurt.

wittekool

Met een wittekool kan ik op gelijk welk moment een lekkere verse maaltijd bereiden. Daarom heb ik er altijd eentje in huis. Bovendien bewaart ze gemakkelijk, ik vind haar smaak en textuur heerlijk, en je kunt er culinair onverwacht leuke dingen mee doen. Ik hoop dan ook dat ik je aangenaam kan verrassen en de kool kan verlossen van haar saaie imago, want dat verdient ze niet.

Kool is wellicht een van de eerste groenten die de mens ooit heeft geteeld. Al in de oudheid is men erin geslaagd uit een wilde kool een heleboel varianten te kweken zoals spruiten, broccoli, boerenkool... Die komen allemaal van een gemeenschappelijke voorouder. Ondertussen heeft wittekool zowel culinair als medicinaal haar plaats verworven. Deze groente, en bij uitbreiding alle koolsoorten, zijn buitengewoon belangrijk voor kankerpreventie, omdat ze veel glucosinolaten bevatten. Dat zijn zeer krachtige kankerwerende stoffen die alleen in kruisbloemigen voorkomen, de botanische familie waarvan de kool deel uitmaakt.(1)

Glucosinolaten zijn eigenlijk het verdedigingsmechanisme van de plant zelf, zeg maar een soort van natuurlijke pesticiden tegen plantenetende organismen. Als wij kolen eten en dus glucosinolaten binnenkrijgen, beschermen ze ook ons omdat ze ons eigen verdedigingsmechanisme stimuleren.

Glucosinolaten zijn zwavelverbindingen en dat blijkt al snel in de keuken. Als je de kool te lang kookt, dan komen die zwavelverbindingen vrij. Dat is de reden waarom kool gaat 'stinken' en waarom je het enthousiasme van je huisgenoten ziet verdwijnen als ze de keuken binnenkomen, zelfs al hebben ze grote honger. En terecht: een platgekookte kool stinkt, is niet lekker en heeft haar medicinale krachten verloren. Daarom heb ik een ideale manier van garen, die de kool knapperig, bijzonder smaakvol en gezond houdt. Mijn trucje is heel eenvoudig: ik snijd plakken van één centimeter van de ronde kool en gaar ze in een beetje water met een flinke scheut olijfolie, niet te lang, zodat de kool wel helemaal zacht is maar toch nog veerkrachtig. Dat geeft de groente meer karakter, structuur en smaak. Ik maak hiermee de heerlijkste groenteschotels, die qua uitzicht iets weg hebben van spaghetti. Zo kun je bijvoorbeeld van spitskool mooie lange slierten maken wanneer je van de volledige ronde kool schijfjes van ongeveer één centimeter afsnijdt. Ook kinderen zijn er gek op... sommige toch.

Mijn lievelingsgerecht is wittekool met champignons en feta. Zo eenvoudig en vol van smaak. Je kunt hier gemakkelijk op variëren door andere groenten toe te voegen. Leve de wittekool dus, ze maakt het leven gemakkelijker, smakelijker en gezonder.

(1) *Cuisiner avec les aliments contre le cancer*, Dr. Richard Béliveau en Dr. Denis Gingras, Editions De Técarré, 2006

GESTOOFDE WITTEKOOL MET FETA EN CHAMPIGNONS

werk: 10 minuten – gaartijd: 15 minuten

Dit gerecht maak ik intussen klaar op een goeie 15 minuten. Ik vind het een heerlijk verzadigende lunch. Bovendien heb ik niet altijd zin in vlees of vis, en dan is dit een ideaal alternatief.

1/2 WITTEKOOL
1 PREISTENGEL
200 G FETA
250 G BRUINE PADDENSTOELEN

EEN HANDVOL ZONNEBLOEMPITTEN
SOJASAUS

Doe de zonnebloempitten in een kommetje en giet er sojasaus bij tot ze net onderstaan. Zet opzij voor straks.
Snijd de wittekool in plakken van een centimeter, leg ze in een pan en giet er een flinke scheut olijfolie en een glas water bij. Laat een 7-tal minuten rustig stoven onder deksel.
Snijd de prei in grote stukken en voeg ze toe. Laat een paar minuten verder stoven. Roer alles goed door elkaar. Verbrokkel de feta en voeg drie vierde toe aan de groenten. Laat de kaas smelten. Roer regelmatig en let op dat de groenten niet verbranden. Voeg eventueel een klein beetje water of olie toe. Kruid met peper en zout. Hak de paddenstoelen grof en bak ze in een andere pan in olijfolie. Voeg, als ze gaar zijn, de zonnebloempitten met de sojasaus toe. Roer goed door elkaar en laat nog even bakken. Serveer de wittekool met de prei onderaan, werk af met de gebakken paddenstoelen en verbrokkel de rest van de feta erover.

Een heerlijke lunch
voor als het snel moet gaan

WITTEKOOL MET GARNALEN

werk: 15 minuten – gaartijd: 15 minuten

Garnalen zijn altijd al een van mijn lievelingsingrediënten geweest, vooral in combinatie met kool. Ik heb dit gerecht al vaker klaargemaakt voor vrienden en telkens zijn ze verrast over de romige structuur van de kool, zeker als ze op die manier is bereid. Kool vind ik echt een miskende groente. Probeer het maar eens, je zult er versteld van staan hoe lekker die eenvoudige kool kan smaken.

1/2 WITTEKOOL
8-10 REUZENGARNALEN
GEROOSTERDE SESAMOLIE

SAUSJE:
2 CM GEMBER
2 KNOFLOOKTEENTJES
MILDE SOJASAUS
1 LIMOEN
SESAMZAADJES
KORIANDER

Snijd de kool in plakjes van een centimeter, leg ze in een pan en giet er een flinke scheut sesamolie en een scheutje water bij (dat versnelt het kookproces). Hak de gember en knoflook fijn, voeg ze toe en kruid met peper en een beetje zout. Laat rustig stoven en roer af en toe eens. Giet er, als de groenten bijna gaar zijn, een flinke scheut sojasaus en wat limoensap bij en doe er grof gehakte koriander en een eetlepel sesamzaadjes bij.
Maak de garnalen schoon en laat het laatste stukje van de staart zitten. Bak de garnalen glazig in sesamolie. Dit duurt ongeveer 6 minuten.
Schik de kool op de borden en leg de garnalen erop. Lepel de overgebleven saus over de garnalen. Werk af met wat koriander en sesamzaadjes.

Zo lekker heb je wittekool wellicht nog nooit gegeten

ZUURKOOL

Fermenteren is een van de oudste en eenvoudigste manieren van conserveren. Maar dat is niet de reden waarom veel jonge 'foodliefhebbers' weer gaan fermenteren thuis. De reden is dat dit proces ons eten voedzamer maakt. Daar kwam ontdekkingsreiziger kapitein Cook als eerste achter. Hij nam zuurkool mee op zijn lange bootreizen en tot zijn grote geluk stelde hij vast dat hij geen matrozen meer verloor aan scheurbuik ten gevolge van een gebrek aan vitamine C. Het fermentatieproces conserveert de vitamine C die in de wittekool zit, maar het doet nog veel meer dan dat. Op wittekool leven micro-organismen die weelderig groeien tijdens het fermenteren, en daarbij worden zuren geproduceerd die niet alleen het voedsel conserveren, maar ook bijzonder heilzaam zijn voor onze darmbacteriën. Ze voegen vaak een aanzienlijke hoeveelheid vitamine B toe en maken het eten gemakkelijker verteerbaar, door het bij wijze van spreken al voor te verteren, want ze doen zich tegoed aan de aanwezige plantaardige suikers. Om al die redenen worden gefermenteerde producten ook wel probiotica genoemd. Ze ondersteunen het leven, ze doen namelijk het tegenovergestelde van antibiotica. Schitterend toch, die mooie wisselwerking in de natuur.

Traditionele voedselbereidingen
zijn weer helemaal terug
Wie maakt zijn eigen zuurkool?

Hoe ga je te werk?

Zet de wittekool onder water met zout (= pekel). Op die manier creëer je een zuurstofarme (anaerobe) omgeving waarin de melkzuurbacteriën goed gedijen. Door zout toe te voegen stimuleer je hun werkzaamheden, en voor de rest is het wachten en laat je de natuur zijn werk doen.

Stappen

1. Snijd de wittekool in fijne reepjes en leg ze in een grote kom.
2. Voeg zeezout toe (10 gram zout voor 500 gram wittekool), meng het onder de kool en laat 5 minuten rusten.
3. Kneed de kool met je handen, hierdoor komen de sappen vrij.
4. Voeg eventueel je lievelingskruiden toe: knoflook, peper, gember, jeneverbessen...
5. Doe de kool, beetje bij beetje, in een grote glazen pot en duw telkens stevig aan met je vuist of een stamper. Vul de pot maximaal tot drie kwart.
6. Het is heel belangrijk dat de wittekool helemaal onder het vocht staat. Er mag geen zuurstof bij kunnen, anders mislukt het fermentatieproces. Is er te weinig vocht van de wittekool zelf, giet er dan een beetje water bij.
7. Vul een diepvrieszakje met water en leg het op de kool. Duw er de wittekool mee naar beneden en sluit ze af van de zuurstofrijke buitenlucht.
8. Dek de pot af met een keukenhanddoek, maar sluit hem niet want bij het fermenteren ontstaan gassen die moeten kunnen ontsnappen.
9. Zet de pot weg op kamertemperatuur (zeker niet in de ijskast, dan stopt het fermentatieproces).
10. Na twee tot drie dagen kun je al genieten van een lekkere zuurkoolsalade. Die is dan een beetje zurig en krokant. Wil je van die echte zachte zuurkool, dan moet je ze minstens zes weken tot zelfs twaalf maanden laten staan.

Welke zuurkool gebruik ik in de gerechten?

Voor een zuurkoolsalade maak ik mijn eigen zuurkool. Die voeg ik dan toe als extra groenten bij de lunch of als avondmaal. Dat is zuurkool die maximaal een paar weken heeft gefermenteerd. Je zou ze ook kunnen gebruiken bij de hapjes: rolletjes van ham of zalm met zuurkool.

De zuurkool die ik in de warme gerechten gebruik, bijvoorbeeld bij de zalm of bij het gehakt, is klaargemaakte zuurkool die ik koop. Die heeft lang gefermenteerd en is heel zacht. In de winkel vind je nog verschillende varianten. Zuurkool natuur is de zurigste. Op zich is die klaar om meteen gegeten te worden, maar door ze te koken met bijvoorbeeld witte wijn en zoete groenten toe te voegen zoals ui en knolselder wordt ze zachter van smaak. Je kunt natuurlijk ook bereide zuurkool met witte wijn kopen, die is al helemaal geprepareerd en hoef je enkel nog op te warmen.

Ik kies mijn zuurkool dus afhankelijk van hoeveel tijd ik heb. Ik geniet van het zelf bereiden van zuurkool, maar als het snel moet gaan, heb ik er geen enkel probleem mee om bereide zuurkool te gebruiken. Ik vind het gewoon fijn om de keuze te hebben.

HAMROLLETJES MET ZUURKOOL

werk: 7 minuten – gaartijd: geen – voor 12 rolletjes

Het is altijd leuk om rond een thema te werken binnen een menu. Als ik zuurkool serveer als hoofdgerecht, vind ik het fijn om daar ook iets mee te doen bij het hapje. Deze eenvoudige hapjes zijn heel verrassend. Voor dit gerecht kocht ik klaargemaakte zuurkool natuur.

6 PLAKJES RAUWE HAM, BV. GANDAHAM
200 G ZUURKOOL (ZIE HIERBOVEN EN TIP P. 95)
50 G GEROOSTERDE HAZELNOTEN

Knijp het vocht uit de zuurkool. Hak de noten grof. Leg een plakje ham op een werkblad en snijd het in twee lange repen. Leg wat rauwe uitgeknepen zuurkool en wat gehakte noten aan het uiteinde. Rol de ham op en leg het rolletje op een bord. Werk de andere rolletjes op dezelfde manier af.

Eenvoudige en verrassende hapjes.
Iedereen is er weg van!

Niets leukers dan buiten een vuurtje stoken en daarop het eten klaarmaken. Sfeer gegarandeerd.

GEHAKT MET ZUURKOOL IN HET VUUR

werk: 20 minuten – gaartijd: 40 minuten – voor 6 rolletjes (reken er 2 per persoon als hoofdmaaltijd)

Als ik feestjes organiseer, dan heb ik graag dat de mensen betrokken zijn. Niet dat ze mij nog moeten helpen, maar het is fijn als ze iets leuks omhanden hebben, dat schept meteen een leuke, gemoedelijke sfeer. Deze rolletjes wekken meteen nieuwsgierigheid op en iedereen helpt spontaan mee rond het vuur. De rolletjes zitten dubbel verpakt, eerst in boterpapier en vervolgens in aluminiumfolie. Er kan dus weinig fout lopen. Wil je toch honderd procent op safe spelen, zet ze dan gewoon in de oven.

24 PLAKJES SPEK
400 G KIPPENGEHAKT
ZACHTE MOSTERD
500 G ZUURKOOL (ZIE TIP P. 95)

BOTERPAPIER, ALUMINIUMFOLIE

Maak de rolletjes. Leg vier plakjes spek dakpansgewijs op een werkblad. Bedek een kleine helft met een laagje kippengehakt en zuurkool en smeer er een lepel mosterd over. Schuif een mes onder de dikke kant en rol alles mooi op. Rol de rol eerst in boterpapier, vouw de zijkanten dicht, en rol ze dan in aluminiumfolie. Het boterpapier zorgt ervoor dat het gerecht niet blijft kleven aan de aluminiumfolie. Herhaal dit voor de andere rolletjes. Gril de rolletjes een 20-tal minuten boven hete kolen en draai ze regelmatig om (laat de gasten dat doen), of zet ze een 20-tal minuten in een voorverwarmde oven op 180 °C.

Deze rolletjes zijn niet
alleen lekker, ze brengen
ook veel sfeer.

ZALM MET ZACHTE ZUURKOOL

werk: 15 minuten – gaartijd: 40 minuten

Een hele tijd geleden, toen ik in Riquewihr in de Elzas was, bekend om zijn gerechten met zuurkool, at ik voor het eerst vis met zuurkool en ik vond het erg lekker. Wat me meteen opviel, is dat de zuurkool helemaal niet zo zuur was, maar veeleer zacht van smaak. Voor dit recept heb ik de zuurkool dus ook minder zuur gemaakt door het vocht er uit te knijpen en ze te koken met ui, knolselder en witte wijn. Heerlijk met de zout-zoete saus van soja en balsamico waarin de zalm heel kort gebakken is.

500 G ZUURKOOL
1 GROTE UI
1 GLAS WITTE WIJN
1/4 KNOLSELDER
2 ZALMFILETS

BALSAMICOAZIJN
SOJASAUS
BIESLOOK (VOOR DE AFWERKING)

Hak de knolselder en de ui grof en stoof ze gaar in flink wat olijfolie. Giet er een scheut water bij en zet een deksel op de pan, dat versnelt het kookproces. Knijp intussen het vocht uit de zuurkool. Pureer de gare knolselder met een stamper. Voeg de uitgeknepen zuurkool en de witte wijn toe en roer goed. Zet het deksel op de pan en stoof 20 minuten op een laag vuur. Roer regelmatig en voeg olijfolie toe indien nodig.
Snijd de zalmfilets in tweeën. Neem een pan en giet hierin een flinke scheut olijfolie, sojasaus en balsamicoazijn. Laat even opkomen en bak hierin heel kort de zalmfilets, 1 minuut aan elke kant is voldoende.
Leg de zuurkool op het bord en schik de zalm erop. Lepel de rest van de saus errond. Werk af met versnipperde bieslook.

Een verfijnd gerecht
met zuurkool, bijzonder lekker.

paddenstoelen

Ieder jaar wanneer de zomer ten einde loopt en alleen maar mooie herinneringen achterlaat, hunker ik naar de eerste herfstwandeling in het bos. Bladgroen wordt rood, geel en koperbruin, de eerste afgevallen bladeren bedekken de vochtige humusbodem, en de mysterieuze paddenstoelen steken voorzichtig de kop op om later uit te groeien tot weelderige paddenstoelenkolonies rond oude boomstammen en afgevallen takken. De indringende geur van schimmels en dauwdruppels, samen met de eindeloze kleurschakeringen van de wilde zwammen en boleten, prikkelen al mijn zintuigen. Het paddenstoelenseizoen is weer daar.

Ik bel een bevriende boswachter op en samen trekken we het Waalse woud in om eetbare paddenstoelen te plukken. Met een mandje vol Waalse oesterzwammen, cantharellen, eekhoorntjesbrood en boleten keer ik dan terug naar huis. De Vlaamse paddenstoelen zijn even eetbaar, maar in Vlaanderen is het plukken ervan verboden, dus eet ik een keer per jaar verse Waalse paddenstoelen. Voor de rest koop ik ze op gespecialiseerde marktjes, zoals de zondagsmarkt in Watermaal-Bosvoorde, of steeds vaker gewoon in de supermarkt. De laatste jaren is het aanbod van eetbare paddenstoelen in de winkels groter geworden, een evolutie die ik alleen maar kan toejuichen want in de keuken vormen ze een ware delicatesse. Nog een goede raad: ga niet zomaar paddenstoelen plukken zonder een echte kenner als gids. Want zoals men vaak zegt: je kunt alle paddenstoelen eten, maar sommige maar één keer.

Veel paddenstoelen kunnen niet worden geteeld en zijn dus uitsluitend te vinden in de natuur, andere worden gekweekt op grote schaal, zoals de Parijse champignon, de meest gegeten paddenstoel ter wereld, goed voor bijna veertig procent van de consumptie. Maar gelukkig zijn ook andere en meer delicate soorten nu dus gemakkelijk verkrijgbaar.

De paddenstoel is het vruchtlichaam van een zwam, het eigenlijke organisme bevindt zich onder de grond in de vorm van een netwerk van draden. Vandaar dat paddenstoelen altijd terugkomen, zelfs al worden ze geplukt. In de natuur spelen ze een belangrijke rol in de afbraak van dode dieren en planten. En als voedsel zijn de eetbare soorten gezond voor mens en dier. Paddenstoelen zijn een belangrijke bron van eiwitten en ze zijn zeer rijk aan mineralen en vitaminen, vooral vitamine B. Ze bevatten ook behoorlijk wat kalium, ijzer en vezels, maar dat is afhankelijk van de soort.

Voor mij zijn paddenstoelen vooral heel lekker, en ze bieden onuitputtelijke mogelijkheden. Ze kunnen de basis vormen van een bereiding, maar ook als ingrediënt van sauzen of als smaakmaker kunnen paddenstoelen een zeer belangrijk onderdeel vormen in de keuken. Ik heb ze altijd in huis. In het seizoen zijn dat uiteraard verse zwammen, maar daarbuiten ook gedroogde of opgelegde.

Wanneer je even kijkt naar de gerechten die ik hier aanbied, kun je meteen zien dat paddenstoelen, wanneer ze met respect en liefde worden behandeld, van het eenvoudigste gerecht een feestelijke schotel kunnen maken.

Honingzwam
Wilde oesterzwam

GEMARINEERDE CHAMPIGNONS

werk: 10 minuten – marineren: minimaal 15 minuten

In Costa Rica at ik het lekkerste gerecht met rauwe paddenstoelen. Ceviche is er een traditioneel recept waarbij vis en schaaldieren worden gemarineerd in limoensap. Maar toen hadden ze rauwe paddenstoelen op die manier bereid. Ik vond het resultaat bijzonder lekker en verrassend. Ik heb mijn eigen versie gemaakt van dit heerlijke en eenvoudige gerecht.

200 G WITTE PADDENSTOELEN (GEWONE PARIJSE CHAMPIGNONS)
2 KERSTOMAATJES
1 SJALOT

1 LIMOEN
1 KNOFLOOKTEENTJE
EEN HANDVOL KORIANDER
EEN HANDVOL RUCOLA

Hak of cutter de kerstomaatjes, de knoflook en de koriander heel fijn. Voeg het sap van de limoen toe en drie tot vier eetlepels olijfolie. Kruid met peper en zout.
Snijd de sjalot in dunne ringetjes en voeg ze bij de marinade. Snijd de paddenstoelen in blokjes en meng ze goed onder de marinade. Dek het kommetje af en zet het opzij, maar liever niet in de ijskast want dan verloopt het proces van marineren nog trager. Laat ze minimaal 15 minuten marineren – langer is beter. Meng voor de afwerking wat rucola met olijfolie en leg die op de paddenstoelen. Voor een mooie vorm gebruik ik een keukenring. Nog een tip: je kunt er ook wat gebruinde pijnboompitten over strooien, heel lekker.

Een bijzonder eenvoudig
en verrassend voorgerecht.

PORTOBELLO-HAMBURGER

werk: 20 minuten – gaartijd: 20 minuten – voor 2 hamburgers

Wie het pad van gezonde voeding opgaat, zal merken dat het verlangen naar junkfood steeds kleiner wordt, omdat je weet dat junkfood je achterlaat met een bijzonder onaangenaam, opgeblazen en moe gevoel terwijl je intussen gewend bent aan dat energieke lijf. Maar ik kan natuurlijk ook genieten van een hamburger. Daarom deze versie, die ik persoonlijk veel lekkerder vind. Een heerlijke combinatie van volle smaken en zachte structuren.

4 GROTE PORTOBELLO'S (SUPERMARKT)
240 G KIPPENGEHAKT
2 GROTE WITTE UIEN
2 TOMATEN
EEN HANDVOL BLADPETERSELIE

Haal de steel van de portobello's weg en wrijf zowel de boven- als onderkant goed in met olijfolie. Kruid met peper en zout. Leg ze met de open kant naar beneden (zodat het vocht er uit kan lopen) op een ovenrooster en gaar ze een 15-tal minuten op 180 °C.
Snijd de uien in ringen en stoof ze in flink wat olijfolie tot ze helemaal gaar zijn. Kruid met peper en zout.
Snijd de tomaten in blokjes, verwijder de zaadjes en het harde witte gedeelte. Stoof de tomatenblokjes in flink wat olijfolie. Laat het vocht goed uitkoken tot je een dikke saus krijgt. Kruid met peper en zout.
Meng het gehakt met de grof gesneden bladpeterselie en kruid bij indien nodig (kippengehakt is vaak al gekruid). Maak er hamburgers van en bak ze in de pan.
Leg op een bord een portobello met de open kant naar boven en vul hem met de gestoofde uien en de tomatensaus. Leg er de hamburger op en tot slot de andere portobello.

Tip: portobello's
Dit zijn paddenstoelen met een grote hoed, ideaal om op te vullen. Je vindt ze gemakkelijk in de supermarkt. Neem de grootste exemplaren want na het garen krimpen ze een stuk.

Deze hamburger kun je niet met je handen eten, maar hij smaakt overheerlijk!

SOEPJE VAN PADDENSTOELEN MET ZALM

werk: 10 minuten – gaartijd: 15 minuten

Ik eet dit vaak als lunch, lekker en eenvoudig. Maar als ik gasten heb en ik wil een feestelijk voorgerecht, dan gebruik ik plakjes rauwe sint-jakobsvruchten in plaats van zalm. Door de vis na het koken toe te voegen aan de hete soep zal hij nog lichtjes garen en daardoor een zachte, subtiele structuur en smaak toevoegen.

300-400 G PADDENSTOELEN (ZIE TIP OP P. 111)
200 G ZALMFILET
2 KNOFLOOKTEENTJES
150 G SPINAZIE
4 EETLEPELS SOJASAUS

Snijd de grootste paddenstoelen in grote stukken, laat de kleine in hun geheel. Snijd de knoflook in dunne plakjes en stoof ze samen met de paddenstoelen in flink wat olijfolie. Voeg de spinazie toe zodra de paddenstoelen hun vocht een beetje beginnen te verliezen. Wacht tot de spinazie is geslonken en voeg dan een halve liter water en de sojasaus toe. Kruid met een beetje zout (let op, sojasaus is ook al zout) en peper. Laat het soepje 1 minuut zachtjes koken. Snijd de zalm in dunne plakjes. Haal de pan van het vuur, verdeel de soep over de borden en leg er de plakjes zalm in.

GEWOKTE NOEDELS MET SHIITAKE, GROENTEN EN CASHEWNOTEN

werk: 10 minuten – gaartijd: 20 minuten

Af en toe eet ik noedels, maar dan kies ik voor een gezonde variant, zoals sobanoedels of op z'n minst deegwaren gemaakt van volkorengranen.

VOLKORENNOEDELS VOOR 2 PERSONEN
200 G SHIITAKES
200 G SLUIMERERWTEN
2 LENTE-UITJES
EEN HANDVOL CASHEWNOTEN
EEN HANDVOL KORIANDER (VOOR DE AFWERKING)
1 CM GEMBER
2 KNOFLOOKTEENTJES
SOJASAUS

Kook de noedels gaar, zet de cashewnoten een 7-tal minuten in een oven op 180 °C. Snijd de shiitakes in plakjes en stoof ze een 4-tal minuten in olijfolie.
Snijd intussen de knoflook en de gember in dunne plakjes en voeg ze samen met de sluimererwten toe aan de paddenstoelen. Roerbak een paar minuten rustig verder. Voeg dan de uitgelekte noedels en noten toe, en een flinke scheut sojasaus. Roerbak voorzichtig nog 2 minuten. Verdeel alles over de borden en werk af met fijngesneden lente-uitjes en koriander.

Tip: paddenstoelen

Gebruik je lievelingspaddenstoelen van het seizoen, ze zijn allemaal geschikt. Het mooiste vind ik een variatie van grote en kleine paddenstoelen.

Tip: voorgerecht of hoofdgerecht?

Met de aangegeven hoeveelheden ken je de verhoudingen, maar wil je dit als hoofdgerecht klaarmaken, gebruik dan grotere hoeveelheden van elk ingrediënt. Pas ze aan naar eigen behoefte, dat is voor iedereen anders.

AZIATISCH SOEPJE VAN PADDENSTOELEN MET GARNALEN

werk: 10 minuten – gaartijd: 12 minuten

Ik houd van de oosterse smaken, kleuren en geuren. Net buiten aan mijn keuken heb ik citroengras staan, goed beschermd tegen wind en kou, en ieder jaar overleeft het de winter. Als ik dan verlang naar die typische Aziatische smaken, doet citroengras wonderen. Kneus de stengel en laat hem meekoken, dat geeft meteen een diepe frisse smaak aan je gerechten, en het is net iets subtieler dan limoen.

300 G PADDENSTOELEN (EEN MENGELING VAN KLEINE PADDENSTOELEN)
8 GARNALEN, BV. SCAMPI
4 DL LOPENDE KOKOSMELK (BLIK)

KRUIDEN:
2 STENGELS CITROENGRAS
1 CM GEMBER
1 KNOFLOOKTEENTJE
1/4 RODE CHILIPEPER (OPTIONEEL)
EEN HANDVOL VERSE KORIANDER

Snijd de grote paddenstoelen in stukken, de kleintjes laat je heel. Stoof ze een 3-tal minuten in flink wat olijfolie. Hak intussen de gember, de knoflook en de chilipeper fijn en voeg ze bij de paddenstoelen. Kruid met wat zout en flink wat peper. Kneus de citroengrasstengels: leg het lemmet van je mes op de stengels en druk met je handpalm. Voeg het citroengras toe aan de paddenstoelen en giet er de helft kokosmelk, de helft water bij (zie tip). Laat het soepje rustig een paar minuten koken. Voeg de garnalen pas op het einde toe. Die hoeven maar enkele minuten mee te garen, tot ze glazig zijn. Voeg er vlak voor het serveren de grof gehakte koriander bij.

Tip: hoeveel kokosmelk?

Dat is moeilijk te bepalen, want sommige soorten kokosmelk zijn dik en andere heel lopend. Voor dit gerecht koop ik lopende kokosmelk en gebruik ik de helft kokosmelk en de helft water. Proeven is de beste methode. Laat het geheel eerst zachtjes doorkoken en proef. Als de smaak te flets is, voeg je meer kokosmelk toe.

KABELJAUW MET CHAMPIGNONS, GARNALEN EN SAUSJE MET KURKUMA

werk: 15 minuten – gaartijd: 20 minuten

De combinatie kabeljauw, rode wijn en noordzeegarnalen is zalig. Maar zeker met dit hartverwarmende sausje. Het is zonder twijfel een van mijn lievelingsgerechten.

1 KABELJAUWHAASJE
100 G GARNALEN
400 G PADDENSTOELEN
WAT KRULPETERSELIE

SAUSJE:
2 GLAZEN RODE WIJN
LIMOEN
1 TAKJE TIJM
2 THEELEPELS KURKUMA

Bak het kabeljauwhaasje in de pan of in de oven (in de oven is minder werk). Snijd de paddenstoelen in plakjes en bak ze gaar in wat olijfolie. Kruid met peper en zout. Verwarm intussen de rode wijn met de kurkuma, de zwarte peper, een beetje zout, het takje tijm en het sap van 1/2 limoen. Laat een 6-tal minuten zachtjes koken, of tot het is ingekookt tot de helft. Haal de pan van het vuur zodra de paddenstoelen gaar zijn, meng er de garnalen en de gehakte peterselie onder.
Leg de paddenstoelen met de garnalen op een bord en schik er de kabeljauw op.
Roer de saus voor het gieten nog eens goed door zodat de boter, de kurkuma en de wijn mooi mengen.

Een heerlijk sausje,
het bindmiddel van deze
Belgische topingrediënten

Een heerlijk exquise gerecht.

TORENTJE VAN PADDENSTOELEN MET WORTELCRACKER

werk: 15 minuten – gaartijd: 10 minuten weken + 15 minuten bakken (opmerking: de gaartijd is zonder het maken van de crackers, zie p. 224)

Dit is eigenlijk een veredelde toast champignon. Je zou ook enkel verse paddenstoelen kunnen gebruiken, maar als je ooit gedroogde paddenstoelen hebt klaargemaakt, dan zul je het met me eens zijn dat die veel intenser smaken. Deze heerlijke paddenstoelentapenade kun je ook bij andere recepten geven, bijvoorbeeld bij wild of gewoon als hapje op een toastje, zoals de krokante wortelcrackers. Maar als je geen tijd hebt om die te maken, dan kun je ze vervangen door crackers gemaakt van brikdeeg of iets anders, en dan is dit gerecht heel snel klaar.

WORTELCRACKERS - ZIE P. 224
400 G GEMENGDE PADDENSTOELEN
20 G GEDROOGDE TROMPETTES DE LA MORT
(HOORN DES OVERVLOEDS, TE VINDEN IN DELHAIZE)

2 SJALOTJES
2 KNOFLOOKTEENTJES
EEN KLEINE HANDVOL KRULPETERSELIE

Week de gedroogde paddenstoelen 10 minuten in lauw water. Snijd de andere paddenstoelen in grote stukken. Hak de sjalotjes, de knoflook en de peterselie fijn.
Bak de verse paddenstoelen in een flinke scheut olijfolie en kruid ze met peper en zout. Knijp het vocht uit de geweekte paddenstoelen en snijd ze fijn. Bak ze in een andere pan in een flinke scheut olijfolie of boter, ook heel lekker! Voeg na een 3-tal minuten de knoflook, sjalotjes en peterselie toe. Kruid met peper en zout. Laat goed doorbakken.
Lepel eerst een laagje gebakken verse paddenstoelen op een bord en vervolgens wat van de gebakken gedroogde paddenstoelen. Leg daarop een afgebroken stuk van de wortelcracker, dan weer een laag verse paddenstoelen en als laatste een laag gebakken gedroogde paddenstoelen.

AZIATISCH EENPANSGERECHT MET KIP EN SHIITAKE

werk: 20 minuten – gaartijd: 25 minuten

Op de een of andere manier straalt dit gerecht gezelligheid uit. Meestal maak ik het klaar als er vrienden op bezoek komen of op die gezellige no-nonsense-avonden met z'n tweetjes thuis. Het is een gerecht om van te blijven smullen, omdat het zo veel smaak en genoegen geeft.

300 G KIPFILET
300 G SHIITAKES
100 G SPINAZIE
1 GROTE UI

2 CM GEMBER
2 KNOFLOOKTEENTJES
GROENE CURRYPASTA (ZIE TIP)
2 DL LOPENDE KOKOSMELK
1 LENTE-UI (VOOR DE AFWERKING)

Snijd de gember en knoflook in plakjes, de ui in grote stukken en enkel de grote paddenstoelen in tweeën. Snijd de kipfilet in reepjes en bak ze bruin in kokosvet of olijfolie. Haal het gare vlees uit de pan en zet het even opzij.

Giet wat extra vet in de pan en bak hierin de ui, gember, knoflook en de paddenstoelen. Roerbak een 5-tal minuten en voeg dan de kokosmelk, een groot glas water, de groene currypasta en de spinazie toe. Laat een paar minuten sudderen en voeg het vlees toe. Laat nog even opkomen en serveer met wat fijngehakte lente-ui.

Tip: groene currypasta

Het is heel moeilijk om de hoeveelheid mee te geven, want afhankelijk van het merk is de curry hot of soft. Voeg hem dus lepel per lepel toe. Proeven is de boodschap.

Het kan zo eenvoudig zijn

Toen ik zelf een eetprobleem had, kwamen steeds dezelfde vragen bij me op: Hoe komt het dat eten zo'n strijd is? Waarom hunker ik zo naar eten? Waarom krijg ik dat niet onder controle? Maar vandaag stel ik me de vraag: Waarom hoef ik nu geen strijd meer te voeren?
Toen ik voor mijn boek *Openhartig over eten* mensen interviewde, stelde ik vast dat niemand van mijn gesprekspartners nog een strijd voerde met eten, terwijl het merendeel dat in het verleden wel had gedaan. Hoe komt het dat ze nu plots wel in alle vrijheid kunnen genieten van lekker eten? Hoe komt het dat het nu wel lukt? Voor mij is het antwoord duidelijk: ze eten veel meer 'natuurlijke voeding'. Het klinkt voor sommige mensen misschien vreemd, maar zo eenvoudig is het. De impact van natuurlijke voeding op je lichaam is heel sterk, ik heb het zelf ervaren en ik zie het ook bij vele anderen. Schakel over op natuurlijke voeding en laat je lichaam de rest doen, je zult merken dat je echt gevoed raakt, waardoor de hunker naar meer eten wegvalt. Mensen ervaren weer dat echte gevoel van verzadiging en zijn verrast dat ze niet 'nog meer' willen eten, zoals vroeger. Veel wetenschappers die ik intussen heb geïnterviewd bevestigen dat overigens.

Wat eten de mensen met wie ik sprak dan? Veel noten, vis, volle yoghurt, groenten, fruit, kaas, zaden, eieren, verse kruiden, vlees, vooral kip... Ze zijn ook niet langer bang om vet te gebruiken, zoals olijfolie, want ook vet hoort bij een natuurlijke keuken. Dat was misschien wel de grootste verrassing voor velen: dat ze weer vet mogen eten en er niet van bijkomen. Ik merk ook dat ze weer plezier hebben in het koken. Het mag weer allemaal, ze mogen weer eten tot ze verzadigd zijn, zonder angst om bij te komen. Integendeel: de meesten vermageren zelfs. Mensen bloeien open door anders te gaan eten, of zoals iemand zei: 'Ik sta weer dichter bij mezelf, ik voel mezelf weer en ik ben helderder in mijn hoofd.' Velen onder hen vertellen me over hun herwonnen zelfvertrouwen.
Het valt me ook op dat het niet stopt bij voeding. Het aanpassen van de eetgewoonten is de eerste stap naar een bewuster leven, een sleutel die vele deuren opent. De voldoening is zo groot dat men daarna hunkert naar nieuwe uitdagingen.

Je ziet dat bij veel mensen ook bewegen belangrijk wordt en dat de creatieve kriebels weer naar boven komen. Eindelijk komt men toe aan de dingen die men al altijd heeft willen doen: wandelen, yoga, zelf groenten kweken of vergeten creatieve dromen waarmaken. Het is net alsof natuurlijke voeding een bal aan het rollen brengt, alsof dat de aanzet is tot een bewuster en krachtiger leven. Heel grappig vond ik de uitspraak van Elien: 'Vroeger haatte ik van die bewuste mensen, nu voel ik mij er heel goed bij.'

En wat eten de mensen met wie ik sprak, niet meer? Bij niemand komen er nog lightproducten of industrieel bereide maaltijden op tafel. Geen margarines meer, maar wel olijfolie, kokosvet of echte boter. Er wordt ook niet meer aan calorieën gedacht, laat staan dat ze nog worden geteld. Ze gebruiken alleen volwaardige verse producten die zo weinig mogelijk bewerkt zijn.
Ze eten nog weinig brood, tenzij zelfgebakken vollegranenbrood of van de artisanale bakker, maar dan nog met mate. Velen staan er niet bij stil dat het doorsneebrood dat je koopt in de winkel, zelfs het volkorenbrood, een sterk geraffineerd product is, gemaakt van geraffineerd meel. Ook de consumptie van aardappelen is sterk geminderd. Niet omdat het moet, maar omdat ze zelf voelen dat hun lichaam er niet goed op reageert of omdat ze een beter en lekkerder alternatief hebben ontdekt.

Dat heeft allemaal niets meer met wilskracht te maken. Wie zich voedt met kwalitatieve, natuurlijke voeding hunkert niet meer naar die geraffineerde snelle koolhydraten zoals suiker, brood, frieten, koeken... De hunker ebt vanzelf weg. En dat is een zalig gevoel. Plots voel je dat je weer controle hebt over je lichaam, dat alles normaal verloopt en dat je weer gewoon kunt eten: je hebt honger, je eet, je bent voldaan en je stopt met eten. Zo hoort het voor iedereen te zijn. Overeten hoort niet bij onze natuur en is niet normaal. Als je die strijd hebt meegemaakt en je ervaart plots die herwonnen vrijheid, dan wil je dat echt niet meer afgeven. Dan hoeft het niet meer, dat dagelijkse stuk taart, dat alomtegenwoordige brood en die zogezegd onmisbare frieten.

knolselder

De ruwe, bonkige knolselder is misschien niet moeders mooiste. Het is vaak een uit de kluiten gewassen knol, soms zwaar en stevig, en ook wat onhandig om te verwerken. Daarom vragen veel mensen zich af wat ze ermee moeten aanvangen. Maar hoe meer ik ermee werk, hoe leuker ik hem vind. Wat mij betreft is het echt een aanrader, in de eerste plaats door de aangename structuur en de herkenbare maar toch niet te dominante smaak. Gare knolselder is zacht en zoet, zit boordevol gezonde voedingsstoffen, is aangenaam verzadigend en, als je hem eenmaal in stukken hebt gesneden, heel gemakkelijk klaar te maken.

Knolselder behoort tot de lage stengels en bollen, zoals bieten, rapen, radijsjes en uien. De knollen groeien net boven of net onder de grond en hebben één eigenschap gemeen: vergeleken met de meeste andere knollen en wortels slaan ze weinig zetmeel op. En dat klinkt als muziek in de oren voor mensen die snelle koolhydraten mijden. Daardoor is de structuur van knolselder ook minder compact en is hij sneller gaar, nog een praktisch voordeel.

Om al die redenen wordt knolselder de laatste tijd gebruikt als vervanger van aardappelen. Puree (zie p. 200) en frietjes van knolselder zijn helemaal in. Ze zijn ook bijzonder smakelijk. Maar je kunt nog veel meer doen met deze witte knol. Je kunt hem stoven in zijn geheel, dan wordt hij een waar pronkstuk op de tafel (zie p. 128). Je kunt hem ook in kleine stukjes snijden en dan stoven, gemengd met notenpasta bijvoorbeeld (p. 124). Een gerecht waar echt iedereen gelukkig van wordt is gebakken knolselder met een spiegelei (p. 130). Nog een bijzonder lekker gerecht met knolselder staat op p. 182: kikkererwten met gebakken knolselder en boerenkool. Een heerlijke combinatie, lekker, gezond en heel verrassend.

Laat je vooral niet afschrikken door de onhandige grote knol. Het liefst van al koop ik bioknolselder omdat die kleiner is en dus gemakkelijker te verwerken. Voor het schoonmaken ga je als volgt te werk: snijd een dikke plak af van het onderste gedeelte, waar de worteltjes aan zitten. Nu heb je een plat vlak en staat de knol stevig op je werkvlak. Snijd dikke schillen van de knolselder, en snijd altijd weg van jou.

Misschien niet moeders mooiste
maar wel fotogeniek.

KNOLSELDER MET ZALM

werk: 20 minuten – gaartijd: 25 minuten

Dit gerecht is geïnspireerd op de klassieke sushi, maar omdat ik liever extra groenten gebruik in plaats van witte rijst, ben ik altijd op zoek naar leukere combinaties, die volgens mij ook smakelijker en voedzamer zijn. Pasta van gemengde noten vind je in de natuurwinkel, soms ook in de supermarkt. Deze heerlijke bereiding van knolselder past overal bij.

300 G KNOLSELDER
150 G ZALMFILET
1 SJALOT
1 EETLEPEL PASTA VAN GEMENGDE NOTEN (NATUURWINKEL)

2 LENTE-UITJES
SESAMOLIE
SOJASAUS

Snijd de knolselder in kleine blokjes en versnipper de sjalot. Giet een flinke scheut sesamolie in een pan en stoof hierin de knolselder en de sjalot op een laag vuur tot ze glazig zijn. Voeg water toe tot alles net onderstaat. Zet het deksel op de pan en laat 15 tot 20 minuten zachtjes koken, tot het water helemaal is verdampt en de knolselder zacht is. Voeg de notenpasta toe, roer ze zachtjes onder de knolselder en laat nog even stoven.

Maak hoopjes van de knolselder en leg ze op een ovenvaste schaal.

Snijd de zalm in plakjes en leg ze op de knolselderhoopjes. Maak een sausje met twee eetlepels sesamolie en twee eetlepels sojasaus, smeer dit over de zalm en zet de schotel een 3-tal minuten onder de grill. Serveer met wat fijngesneden lente-ui.

Een hemels voorgerechtje

KNOLSELDER MET GEROOKTE MAKREEL

werk: 15 minuten – gaartijd: 10 minuten

Plakjes knolselder laten marineren of mengen met mayonaise is een leuke techniek om deze knolgroente op een andere manier te eten. Als ik stukjes knolselder overheb, bereid ik ze op die manier en serveer ik ze als extra groente aan tafel. Een ideale combinatie is zachte, gerookte makreel met knapperige, zure knolselder. Wie tijd heeft kan de knolselder een paar uur in de ijskast laten marineren, dan wordt hij iets zachter en intenser van smaak.

1/4 KNOLSELDER
2 GEROOKTE MAKREELFILETS
EEN HANDVOL PISTACHENOTEN

CIDERAZIJN
NOTENOLIE
VERSE KRUIDEN, BV. BIESLOOK, KERVEL (VOOR DE AFWERKING)

Schaaf de knolselder met een mandoline in zo dun mogelijke plakjes. Giet er een flinke scheut notenolie en wat ciderazijn op en kruid met peper en wat zout. Meng goed en zet even opzij.

Trek de gerookte makreel in stukjes. Schik de knolselder onderaan en leg er de stukjes makreel op. Werk af met grof gehakte pistachenoten en verse kruiden zoals bieslook en kervel.

Een variant op de klassieke knolseldersalade

BOTERZACHTE KNOLSELDER MET EIERSAUSJE

werk: 20 minuten – gaartijd: 3 uur

Dit maak ik klaar als ik indruk wil maken op mijn genodigden. Vooral het openbreken aan tafel zorgt altijd voor hilariteit. Er is weinig werk aan maar je moet wel van tevoren beginnen, want de knolselder moet zeker drie uur in de oven. Het resultaat is een bijzonder zachte en intens smakende knolselder. Je kunt dit serveren als hapje of voorgerecht met het sausje, maar evengoed bij gelijk welk vlees- of visgerecht, als extra groente. Het is altijd bijzonder lekker en bijzonder mooi.

1 KLEINE KNOLSELDER

DEEG:
500 G ZOUT
500 G BLOEM

SAUSJE:
2 HARDGEKOOKTE EIEREN
EEN GROOT HANDVOL VERSE KRUIDEN (BLADPETERSELIE, BASILICUM...)
CITROENSAP
1 EETLEPEL MOSTERD
OLIJFOLIE

Maak eerst het deeg. Voeg de bloem, het zout en een beetje water samen en kneed tot een deeg. Rol het uit, leg er de knolselder op en vouw het deeg errond. Duw het stevig aan en draai het om, zodat de plooien onderaan zitten. Leg de knolselder in een ovenschaal en zet hem 3 uur in de oven op 180 °C. Maak nu het sausje. Doe de eieren in een blender met de verse kruiden, een beetje citroensap, de mosterd en flink wat olijfolie. Mix tot je een dikke saus krijgt. Breek het deeg open aan tafel door er met de achterkant van een groot mes op te kloppen. Snijd de knolselder in stukken en serveer met het sausje.

Met dit gerecht
steel je de show

EITJE MET KNOLSELDER

werk: 10 minuten – gaartijd: 20 minuten

In mijn filosofie combineer ik geen eieren met brood. Daarom ben ik altijd op zoek naar betere combinaties, die lekkerder zijn en meer variatie bieden. Dit is daar een mooi voorbeeld van. De combinatie met knolselder is heerlijk en het ziet er ook heel aantrekkelijk uit. Ja, daar word ik gelukkig van: eenvoudig, mooi, lekker en gezond.

1 KLEINE KNOLSELDER
4 KNOFLOOKTEENTJES
4 EITJES
EEN PAAR TAKJES TIJM (VOOR DE AFWERKING)

Plet de knoflook en laat de schil eraan. Schil de knolselder en snijd er in het midden (het dikste deel) 4 plakken van een halve centimeter af. Daar zit meestal ook een natuurlijke holte, snijd deze verder uit zodat je ze om een eigeel kunt leggen. Leg de plakjes in een ovenschaal met de gekneusde knoflook en de tijm, giet er wat olijfolie over en wentel er de kruiden en de knolselder goed in. Zet ze een 15-tal minuten in een warme oven op 180 °C, of tot de knolselder gaar is. Zet een pan op het vuur met wat olie, breek de eitjes erin zoals je zou doen wanneer je een spiegelei klaarmaakt, en leg er de plakjes knolselder op. Bak een 2-tal minuten, of tot het eiwit is gestold. Zet de pan op tafel en leg er de knoflook en de tijm bij.

Dit is een gerecht
waar je echt gelukkig van wordt

Voeding vandaag

WE ETEN TOCH AL JAREN ZO, LOOPT ER IETS FOUT?

Toen ik met mijn boeken begon, dacht ik dat ze maar een beperkt publiek zouden aanspreken, namelijk zij die net als ik problemen hadden met onze huidige manier van eten. Groot was mijn verbazing toen ik zag dat blijkbaar velen zich niet goed voelen bij onze huidige eetgewoonten. Dat mijn boeken zo veel mensen aanspreken wijst er in ieder geval op dat velen op zoek zijn. De redenen daarvan zijn waarschijnlijk erg uiteenlopend. Sommigen vinden de doordeweekse keuken te omslachtig en saai en willen eens iets anders, anderen ervaren een gebrek aan energie of voeren al jarenlang een strijd tegen de kilo's (en daarmee ook tegen zichzelf), en nog anderen voelen gewoon dat de klassieke keuken hen ziek maakt.

Als zo veel mensen problemen ervaren, dan moeten we onze westerse manier van eten in vraag durven te stellen. Intuïtief weten we allemaal dat voeding een grote rol speelt in onze gezondheid en ons algemeen welbevinden. Wat er juist aan onze voeding schort is niet altijd even duidelijk. Minder vet eten was lang de regel, maar zowel professor Dariush Mozaffarian van Tufts University in Boston als professor David Ludwig van Harvard University Boston die ik daarover interviewde zeggen het veel genuanceerder.

'Het totale aantal calorieën of de totale vetinhoud is niet de juiste manier om een voedingsmiddel als gezond of ongezond te beschouwen. ***We moeten het idee opgeven dat producten met weinig calorieën en weinig vet leiden tot gewichtsverlies.*** *Denk maar aan noten, olijfolie, volle yoghurt, avocado's en dergelijke – allemaal ingrediënten die een goede invloed hebben op onze gezondheid, alhoewel ze rijk zijn aan calorieën en vetten.' - Professor Dariush Mozaffarian*

'De mantra "Eet minder vet en beweeg meer" is niet de manier om gewicht te verliezen op lange termijn, en ook niet om het risico op cardiovasculaire ziekten of diabetes te verminderen.' - Professor David Ludwig

WAT MET DE WESTERSE VOEDING?

Zowel in Europa als in Amerika komt vijftig tot tachtig procent van de dagelijkse energie uit koolhydraten met een hoge glycemische index: geraffineerde koolhydraten, aardappelen, suiker, frisdrank... Onze voeding is geëvolueerd naar een voeding vol geraffineerde koolhydraten, bewerkte vetten en proteïnen. **Tegenwoordig is voedsel een product van de industrie en niet meer van de natuur en dat breekt ons zuur op. Het probleem is dat ons lichaam niet goed reageert op dat soort 'nepvoedsel'** dat de mens zelf heeft gecreëerd. Mooier dan professor Hanno Pijl (Leids Universitair Medisch Centrum in Nederland) kan ik het niet zeggen:

'Veel van onze problemen zijn er gekomen omdat we ons eigen voedingsparadijs hebben geschapen, en dat paradijs keert zich nu tegen ons. Met de landbouw zijn we massaal koolhydraten gaan verbouwen en heel eenzijdig gaan eten. Nadien kwam de industriële revolutie en zijn we de korte-keten-koolhydraten zelf gaan maken door ze te onttrekken aan hun natuurlijke omgeving. Maar we zijn niet gemaakt om die enorme hoeveelheden snelle koolhydraten te eten. En dat keert zich tegen ons. ' - Professor Hanno Pijl

'Sowieso denk ik dat je er beter aan doet om minder granen en zetmeel te eten, zoals aardappelen. Als je brood wilt eten, probeer er dan wat minder van te eten en combineer het met groenten en olijfolie, dat vertraagt de opname van de suikers. Er is ook heel veel bewijs dat fruit en yoghurt beter zijn als ontbijt dan brood. Als je koolhydraten eet, ga dan voor kwaliteit.' - Professor Dariush Mozaffarian

OVER HET ALGEMEEN DENKEN MENSEN VANDAAG ANDERS OVER ETEN DAN VROEGER

In mijn boeken heb ik de problemen benoemd. Dat wordt me niet altijd in dank afgenomen, maar als pionier moet je weten dat je af en toe in een storm terechtkomt. De bewustwording rond voeding is bovendien al lang niet meer louter en alleen mijn persoonlijke overtuiging, **het is inmiddels een hele beweging geworden en ik ben trots daar deel van uit te maken.** Verandering stuit op tegenstand, maar in de verandering schuilt ook een enorme kracht. Neem nu de discussie rond snelle koolhydraten. Vanaf mijn eerste boek heb ik hieromtrent een standpunt ingenomen, omdat ik zelf heb ervaren wat snelle koolhydraten kunnen teweegbrengen in je lichaam. In het debat zoals het nu wordt gevoerd, gaan de meesten ervan uit dat het al dan niet eten van snelle koolhydraten een louter vrije keuze is. Meer nog, sommigen spreken over een modeverschijnsel. Maar daarbij negeert men compleet de fysieke reactie die dat soort voeding uitlokt bij sommige mensen en vooral bij vrouwen. Gelukkig stond en sta ik hierin niet alleen. Ik heb me verdiept in de visie van gerenommeerde deskundigen:

'Het is duidelijk dat een hele grote groep mensen, en vooral vrouwen, gevoelig zijn voor snelle koolhydraten. Vrouwen lopen meer risico op diabetes, overgewicht en hartziekten ten gevolge van snelle koolhydraten.' - Professor Dariush Mozaffarian

'Suiker, maar ook compacte bronnen van koolhydraten zoals aardappelen, rijst, pasta en brood, doen de glucose in je bloed fors stijgen. Die gaat over een drempel heen en beschadigt je bloedvaten, je cellen en je weefsels, en bovendien word je er dikker van. Bij mensen met insulineresistentie pieken die bloedwaarden nog meer.' - Professor Hanno Pijl

WE ZIJN ALLEMAAL ANDERS, WE MOETEN DUS NIET ALLEMAAL HETZELFDE ETEN!

Met de teloorgang van de klassieke voedingsdriehoek is gelukkig ook het idee achterhaald dat we allemaal op dezelfde manier zouden moeten eten. Er zijn verschillende manieren van gezond eten. **Bovendien zijn we allemaal verschillend, waarom zouden we dan allemaal hetzelfde moeten eten?** We reageren allemaal anders op voeding. Het is belangrijk om te luisteren naar je lichaam, te voelen wat goed is voor jezelf. Ga op zoek naar wat werkt voor jou, het is een groeiproces waar je gelukkig van wordt.
We moeten dan ook meer respect hebben voor individuele keuzes en voor de verschillen tussen mensen. Wanneer iemand zich goed voelt bij veganistisch of glutenvrij, bij low-carb of vegetarisch, bij paleo of mediterraan, en daarmee in goede gezondheid verkeert, waarom moet daar dan zo nodig kritiek op komen? Mensen hebben meestal goede redenen om hun eetgewoonten aan te passen. Zou het niet gepaster zijn om te vragen: 'Waarom eet je zo?' Dan kunnen we nog veel leren van elkaar. Ik citeer graag twee belangrijke stemmen in dit debat:

'Het is belangrijk om te begrijpen dat als mensen echt mager en actief zijn, ze meer koolhydraten kunnen verdragen met een hoge glycemische index. Het is zeker geen optimaal dieet, maar ze komen ermee weg omdat ze mager en actief zijn. Maar dat is misschien maar vijftien procent van de bevolking. ***Het merendeel reageert niet goed op koolhydraten met een hoge glycemische index.*** *Je ziet ook dat die mensen zich veel beter voelen als ze koolhydraten met een hoge glycemische index achterwege laten en dat dit een gunstige invloed heeft op hun gewicht.' - Professor Walter Willett*

'Er is een belangrijke genetische basis voor overgewicht. Als je die aanleg hebt, kun je niet zo veel eten als je buurman of buurvrouw die deze aanleg niet heeft. Overigens zijn veel van de genen die te maken hebben met overgewicht betrokken bij de regulatie van de eetlust. Vergeet niet dat die ook voor een deel biologisch is bepaald. We weten nu dat het geen goed advies is mensen met overgewicht te stimuleren om koolhydraten te eten en weinig vet.' - Professor Hanno Pijl

BESTAAT ER EEN BROODBOOM?

Je kunt ongelofelijk lang debatteren over gezonde voeding, zeker als je in detail treedt, maar over één zaak zijn de meeste deskundigen het eens: **'Eet zo weinig mogelijk geraffineerde voeding of eet meer natuurlijke voeding.'** Maar iets wat zo logisch is, lijkt nu zo ver weg. Velen hebben geen idee meer wat natuurlijke voeding is. Nochtans is ook dat eenvoudig te achterhalen. Stel je de vraag: 'Leeft het? Groeit het aan de bomen? Groeit het aan struiken? Loopt het rond?' Anders gezegd: komt het rechtstreeks van de natuur in je keuken terecht? Of moet het eerst langs de fabriek om allerlei bewerkingen te ondergaan en komt het dan pas op je bord terecht?
Ik ken geen broodboom, geen spaghettistruik of colabron. Een mooi voorbeeld: wie gaat er nog aan de slag met echte volle granen? Die onbewerkte granen komen rechtstreeks uit de natuur. Tegenwoordig kopen we meel (vaak geraffineerd) om brood te maken, maar geen volle granen meer. De gezondheidsvoordelen zitten in de 'volle granen' maar niet (meer) in het bewerkte brood. Gezond eten is dus helemaal niet ingewikkeld: eet natuurlijke voeding en laat je lichaam de rest doen.

'Ik zeg tegen mijn patiënten: blijf zo ver mogelijk weg van alles wat de industrie heeft aangeraakt, dat is gewoon niet gezond voor ons. Als u onbewerkte producten eet en u bent spaarzaam met brood, aardappelen, pasta en witte rijst en u varieert, dan doet u het hartstikke goed. En de meeste patiënten keren daarmee vrijwel hun diabetes (type 2) om. Ik denk dat de koolhydraatbeperkte voeding die we adviseren voor diabeten, gezond is voor iedereen.' - Professor Hanno Pijl

HERKEN JE DAT GEVOEL VAN NOOIT GENOEG TE HEBBEN?

Typisch aan geraffineerde voeding is dat je er nooit genoeg van hebt. Je probeert weerstand te bieden, maar de hunker blijft bestaan, omdat je lichaam nooit verzadigd raakt. **Met veel wilskracht kun je dat een tijdje volhouden, maar hunkeren en honger hebben zijn oerinstincten, daar kun je het nooit van winnen.** Vandaar dat diëten niet werken: je vervalt altijd weer in oude gewoonten. Sommigen gaan daarbij helemaal over de schreef door overdadig te eten, zoals ik vroeger. Om daarna weer opnieuw te beginnen te vasten. Het is een negatieve vicieuze cirkel waar je in belandt.
Bovendien raak je ook verslaafd aan geraffineerde voeding. Dat gebeurt niet met natuurlijke voeding. Probeer maar eens verslaafd te raken aan appels, vis of eieren – dat lukt je niet. Je raakt wél verslaafd aan alles wat uit de fabriek komt: spaghetti, chips, koekjes, brood en taart gemaakt van geraffineerd meel...

'We krijgen nog altijd te horen dat we voorzichtig moeten zijn en maar een klein handje noten mogen eten en niet te veel olie over ons eten moeten gieten. Die waarschuwingen horen we niet voor brood of voor aardappelen, terwijl dat net de voedingsmiddelen zijn die meer leiden tot obesitas.' - Professor Dariush Mozaffarian

'Zijn suikers verslavend? Er zijn wetenschappers die dat nog ontkennen, maar er zijn ook veel wetenschappers die dat bevestigen.' - Professor Hanno Pijl

GERAFFINEERDE KOOLHYDRATEN EN ALCOHOL

Ik vergelijk snelle geraffineerde koolhydraten met alcohol. De meesten onder ons drinken graag een glaasje wijn, zoals de meesten onder ons ook graag een stukje taart eten. Sommigen beweren hun glaasje alcohol per dag te moeten drinken om zich goed te voelen, net zoals zij die zeggen absoluut niet zonder hun boterhammen te kunnen. Anderen hebben geen enkel probleem met alcohol – gelegenheidsdrinkers zal ik ze maar noemen – zoals ook sommigen geen enkel probleem hebben met snelle koolhydraten. Nog anderen drinken een paar glazen, zijn in de kortste keren verslaafd en worden alcoholist. Zo zijn er ook mensen die zich verliezen in brood en frieten, hele stukken taart en grote hoeveelheden koekjes, ijs en cola.

Denken we nu werkelijk dat mensen die zo veel taart en frieten eten het leuk vinden om na verloop van tijd obees door het leven te gaan? Denken we nu werkelijk dat dit louter hun eigen, vrije keuze is? Heeft de alcoholist een vrije keuze? Of reageert ieder lichaam anders op alcohol of op koolhydraten?

Mijn lichaam reageert niet goed op snelle koolhydraten. Dat heb ik in het verleden kunnen ondervinden. Zoals vele anderen moet ik daarom voorzichtig zijn met alle geconcentreerde koolhydraten, zelfs de natuurlijke. In ieder geval mijd ik alle geraffineerde koolhydraten.

Het is jammer dat wie nooit problemen heeft gehad met snelle koolhydraten, dus wie die drang en die verslavende werking nooit heeft gevoeld, moeilijk anderen kan begrijpen die wel gevoelig zijn voor die hunker die een verslaving wordt. Dat zijn de mensen die zeggen: 'Ja, maar houd je aan je drie boterhammetjes 's morgens en 's avonds en dan is er geen probleem.' Maar voor mij is er wel een probleem: **ik heb altijd zin om die hele zak leeg te eten en ik zal er nooit genoeg van hebben, zoals veel mensen.**

'Er is veel wetenschappelijke literatuur te vinden waarin staat dat geraffineerde voeding, en in het bijzonder geraffineerde koolhydraten, dezelfde hersengebieden prikkelen als alcohol, cocaïne en heroïne. Vooral de nucleus accumbens, het centrum van het genots-beloningssysteem, licht op na het eten van geraffineerde koolhydraten.' - Professor David Ludwig

WAT KUN JE DOEN TEGEN DIE OVERDREVEN HUNKER NAAR ETEN?

Met wilskracht lukt het niet, want dat staat gelijk aan het negeren van de signalen van je lichaam, zoals je hongergevoel negeren of negeren dat je hunkert naar eten. Dat houd je niet vol, je moet juist samenwerken met je lichaam. Je lichaam en je geest moeten op dezelfde golflengte zitten, dan werkt het wel. Je moet er dus voor zorgen dat die hunker er niet meer is. **De enige manier om dat knagend gevoel kwijt te raken is door je lichaam echt te voeden, zodat het echt verzadigd is. En dat doe je niet door minder te eten, maar door meer kwalitatieve voeding te eten**, zodat je hormonen tot rust komen, zodat je lichaam de juiste signalen kan uitsturen naar je hersenen, signalen die zeggen: 'Ik heb genoeg.' En plots stel je vast dat je helemaal niet meer hunkert naar dat stuk taart, dat het je nu wel lukt om van dat brood af te blijven, dat je de chips wel onaangeroerd kunt laten. Het heeft dus weinig te maken met wilskracht, maar gewoon met het feit dat je lichaam echt verzadigd is. Als je natuurlijke voeding eet, functioneert je lichaam beter. Velen hameren op gedragsverandering, maar je kunt die gedragsverandering niet volhouden als je daardoor constant honger hebt en je ongelukkig voelt. Mijn invalshoek is daarom: eet anders en je zult zien dat je gedrag zal veranderen.

'Wij zijn grootgebracht met het idee "wie wil vermageren moet gewoon minder calorieën" eten. Deze benadering legt de schuld bij de mensen zelf. Als afslanken gewoon een zaak is van caloriebalans, dan moet je maar minder eten en meer bewegen. Heel eenvoudig en als het niet lukt, dan zal het wel aan je gebrek aan wilskracht of discipline liggen. Maar deze visie houdt geen rekening met de invloed van verschillende calorieën op ons hongergevoel, ons metabolisme en zelfs onze lichaamssamenstelling. Dezelfde hoeveelheid calorieën uit verscheidene voedingsmiddelen kan een heel verschillende uitwerking hebben.' - Professor David Ludwig

MAG IK GEEN BROOD EN AARDAPPELEN MEER ETEN?

Mijn manier van eten verbiedt niets, zelfs geen dessert of alcohol, dus ook geen brood of aardappelen. Wat ik wel doe is een nieuw evenwicht zoeken. Dat betekent dat ik van sommige dingen - de goede dingen - meer eet en van andere - de minder goede - minder. (Lees meer op p. 12.)

Het is wel interessant vast te stellen hoe emotioneel het debat wordt als je het over brood en aardappelen hebt. Sommigen worden boos: **'je gaat me mijn aardappelen en brood niet afpakken!'** luidt het. Natuurlijk niet, waarom zou ik? Iedereen zijn eigen vrije keuze. Trouwens, zolang je denkt: ik mag dit niet en dat niet, dan denk je volgens de logica van het 'diëten'. Ik mag dus alles eten, zelfs aardappelen, brood en dessert, maar de vraag is: wil ik nog wel alles? Dat is een heel groot verschil, mijn uitgangspunt is vrijheid. Ik kan alleen maar zeggen dat je verlangt naar wat je gewoon bent om te eten. Ik vervang mijn brood en aardappelen door betere bronnen van koolhydraten.

'Wie zijn aardappelen en brood vervangt door groenten en fruit hoeft zich absoluut geen zorgen te maken dat hij of zij te weinig koolhydraten binnen zou krijgen. Velen staan er niet bij stil dat groenten en fruit best veel koolhydraten bevatten, gezonde koolhydraten die hun suikers langzaam afgeven aan het bloed omdat ze verpakt zitten in vezels.' Professor Hanno Pijl

'De redenen waarom we koolhydraten eten, zijn de smaak, de betaalbaarheid voor de economie en het gemak van opslag. *Maar er is geen fysiologische behoefte aan koolhydraten. We kunnen gewoon vet en eiwitten eten en alle koolhydraten die we nodig hebben daaruit synthetiseren.' - Professor Dariush Mozaffarian*

'De aardappelen die we vandaag eten zijn sterk gehybridiseerd, geselecteerd om zo veel mogelijk zetmeel te leveren. Daardoor lokken ze hoge insulinepieken uit. Het zijn niet meer de kleine, compacte Zuid-Amerikaanse knollen die veel vezels bevatten en trager verteren. De moderne aardappelen waren misschien oké voor mensen die de hele dag op het veld werkten, maar het is een heel ander verhaal als je een zittend leven leidt en als de helft van de bevolking al insulineresistent is en dus problemen heeft om koolhydraten te verteren.' - Professor David Ludwig

NIET 'MOETEN', MAAR 'MOGEN'

Tijdens de interviews voor mijn boek *Openhartig over eten* heb ik duidelijk kunnen vaststellen dat voeding, gezondheid en algemeen welbevinden nauw met elkaar verbonden zijn. Ik heb het bij zo veel mensen gezien! Initieel is er een eetprobleem, maar nadat ze eenmaal hebben gekozen voor natuurlijke voeding verandert er iets, zowel in hun lichaam als in hun hoofd. Voeding lijkt dan niet eens meer zo belangrijk, het wordt een vrije keuze en is geen obsessie meer. Omdat het lichaam tot rust komt en de obsessie verdwenen is, komt er ruimte vrij voor andere zaken. Je ziet dat mensen openbloeien, dat hun creativiteit toeneemt, dat ze meer zichzelf worden.
Dat is het moment van bevrijding, omdat ze keuzes kunnen maken in alle vrijheid en niet meer als gevolg van een onweerstaanbare drang.

Voor sommigen klinkt het misschien vreemd, maar met deze manier van eten wil ik net vrijheid geven aan de mensen. Sommigen zien het als een beperking, maar het omgekeerde is waar. Wie verlost is van zijn eeuwige strijd met voeding ervaart dit juist als een grote vrijheid. Wie dat kantelpunt heeft meegemaakt in zijn leven wil dat delen. Het zou kunnen dat het enthousiasme van sommige mensen, mezelf incluis, overkomt alsof we anderen willen 'overtuigen', maar dat is het helemaal niet

Hierbij wil ik ook duidelijk stellen dat niet iedereen dat 'kantelmoment' nodig heeft. Er zijn gelukkig heel veel mensen die intuïtief aanvoelen dat een natuurlijke keuken de weg is naar gezondheid omdat het ervoor zorgt dat ze zich goed voelen in hun vel. Vaak aten ze vroeger al zo en vinden ze in mijn recepten hooguit inspiratie.

HOE BEGIN IK ERAAN? STAP VOOR STAP

Het begint met nieuwsgierigheid. Verder citeer ik graag Wendy, een jonge vrouw die ik heb geïnterviewd voor mijn boek ***Openhartig over eten***.

'Haal een aantal leuke recepten uit het boek, begin met goede combinaties te maken, en de rest volgt allemaal vanzelf. Je hoeft je op dit moment niet blind te staren op details. Op een rustig moment ga je op je gemak in de zetel zitten en begin je de uitleg te lezen. Hoe zit het met die vetten of met die snelle koolhydraten? Dat begint dan allemaal te werken.
Uiteindelijk rol je daarin en stap voor stap ga je verder. Je ziet dat de ene mens meer moeite heeft met iets dan iemand anders. Maar we bewandelen allemaal dezelfde weg en hebben allemaal hetzelfde doel. Alleen, de ene ervaart meer hindernissen dan de andere. De ene zet grote stappen en de andere eerder kleinere stappen. Maar iedereen zal dat doel bereiken, dat is eigenlijk het leuke.' - Wendy

Ook de mening van Harvard-professor Walter Willett lijkt me hier relevant.

'Het probleem is dat mensen vaak in extremen gaan. Sommigen promoten low-carb en stappen daarbij over op veel rood vlees, worsten en bacon. Daar ben ik geen voorstander van, maar als low-carb betekent: meer groenten, noten, fruit, soja... dan is het wel een goede zaak. Het gaat om de kwaliteit van de koolhydraten.' - Professor Walter Willett

IS DEZE MANIER VAN ETEN LOW-CARB?

Low-carb, een eetpatroon met een strikt beperkte inname van koolhydraten, is de laatste jaren heel populair en soms wordt mijn manier van eten ermee vergeleken. Niet helemaal terecht, denk ik. Ik vind onze huidige westerse manier van eten eerder high-carb. Als je mijn keuken daarmee vergelijkt, kan ik begrijpen dat sommigen mijn manier van eten als low-carb zien. Zelf zou ik het eerder omschrijven als 'gematigd low-carb' omdat ik ook fruit, linzen, bonen en zetmeelrijke groenten ect. **Ik mijd gewoon alle koolhydraten uit de fabriek:** brood, pasta, witte rijst, koekjes, suikerrijke dranken, bereide voedingswaren met suiker en ook aardappelen. Daarin volg ik professor Hanno Pijl en professor Dariush Mozaffarian:

'Ik denk dat mensen die zeggen dat ze low-carb gaan en zelfs geen fruit of bonen meer eten een grote vergissing begaan, omdat dit echt gezonde voeding is. Maar er zijn duidelijk ook koolhydraten die niet goed zijn voor ons, zoals gesuikerde dranken. Dus de vraag is: wat doe je met alles in het midden? Een goede benadering is kijken naar de aanwezigheid van vezels, de glycemische respons, hoe snel iets verteerd wordt, of het product gemalen of onbewerkt is, of de graankorrel nog intact is. Dat is allemaal belangrijk.' - Professor Dariush Mozaffarian

'**We hebben geen koolhydraten nodig, we kunnen perfect voor onbepaalde tijd zonder.** *Waarmee ik niet wil zeggen dat alle koolhydraten slecht zijn. Er zijn ook populaties die heel gezond leven op veel koolhydraten, maar wel natuurlijke koolhydraten, zoals heel fruit, dat traag verteert, groenten, zetmeelrijke groenten...*
Ik denk niet dat de meeste mensen koolhydraten moeten schrappen, maar de focus zou wel moeten liggen op het verminderen van geraffineerde koolhydraten.' - Professor David Ludwig

GEEN DISCUSSIES AAN TAFEL!

Het heeft totaal geen zin om iemand te overtuigen anders te gaan eten. Het moet een eigen keuze zijn. Je moet ervoor openstaan. Geen discussies aan tafel! Dan zet je maar aardappelen op tafel. **Trouwens, gezonde voeding is geen zwart-witverhaal en valt niet te herleiden tot wel of geen aardappelen op het menu. Je moet de totaliteit bekijken.** Ook mij moet niemand komen vertellen hoe ik moet eten. De wil om gezonder te gaan eten moet van binnenuit komen, omdat je ervan overtuigd bent dat het je persoonlijk iets oplevert. Zolang je het gevoel hebt dat je iets wordt afgepakt, zal het je niet lukken. Daarom heeft het geen zin om mensen te overtuigen, dus ook niet je partner. Eten moet in de eerste plaats lekker en gezellig zijn en dat moet het te allen tijde blijven.

VERLIES JE NIET IN DETAILS, MAAR KIJK NAAR HET GEHEEL

Gezonde voeding mag je niet beperken tot enkele aparte gezonde voedingsmiddelen zoals broccoli, gojibessen, walnoten of noem maar op. Het is de synergie, de interactie tussen verschillende voedingsmiddelen die belangrijk is. De reductionistische visie van vroeger, waarbij men zich enkel concentreerde op één element uit de voeding, bijvoorbeeld vetten, bereikt zijn limieten. Menselijke cellen worden immers nooit blootgesteld aan geïsoleerde stoffen, maar aan een samenspel van allerlei zaken. Voeding is een complex gegeven dat interacties aangaat met ons lichaam, voor, tijdens en na het consumeren ervan. Bovendien speelt ook onze levensstijl een rol, en dat iedere dag van ons leven.

In het Westen voelen we ons meer en meer aangetrokken tot de oosterse benadering van gezondheid. Daarbij draait het om evenwicht. Een mooi voorbeeld is de holistische benadering die we zien bij de traditionele Chinese en de Indiase geneeskunde. Deze culturen zien de mens als geheel, waarbij psychische en fysiologische aspecten even belangrijk zijn, maar ook de relatie met de natuur, de buitenwereld is van belang. Als er een probleem is, zoals ziekte, duidt dit op een onevenwicht en moet de harmonie worden hersteld. Ze beschouwen het lichaam als een soort ecosysteem dat in relatie staat tot de maatschappij en de natuurlijke omgeving. Deze visie houdt in dat je meer respect hebt voor de natuur, omdat je beseft dat je zelf een schakel bent in het grotere geheel en dat alles verbonden is met elkaar. Ik kan het zelf niet zo mooi en geïnspireerd zeggen als de Indiase professor, wetenschapper en voedingsactiviste Vandana Shiva toen ik haar ontmoette. Ook de tweede uitspraak hieronder, van professor Dariush Mozaffarian, relativeert het overdreven belang dat soms gehecht wordt aan zogenaamde superfoods.

'Je hebt een plicht tegenover jezelf, je gezondheid en de gezondheid van je kinderen. En je bent geen alleenstaand individu, je bent een bewoner van deze mooie planeet. Omarm die rol. En tegen iedereen die denkt: het is een extra belasting, kan ik op grond van mijn ervaring in het leven zeggen: "Iedere keer als je die extra stap zet en je engageert in een groter geheel, zul je dieper geluk en voldoening kennen, dus maak er deel van uit."' - Professor Vandana Shiva

'We moeten echt ophouden met bepaalde voedingsmiddelen te promoten op grond van theorieën over één voedingsstof. Het is hoog tijd dat we gaan beseffen dat het gaat om het geheel van alles wat we eten, niet om aparte voedingsstoffen.' - Professor Dariush Mozaffarian

VETTEN, EEN HEET HANGIJZER

Er wordt veel gediscussieerd over voedingsstoffen, is het niet over koolhydraten, dan wel over vetten. Ook hier probeer ik een gematigde koers te varen. Uit al mijn interviews met verschillende deskundigen kan ik concluderen dat 'extra vierge olijfolie' het meest wordt aanbevolen. Hiernaar is ook het meeste onderzoek gevoerd.

De positieve effecten hebben wellicht ook te maken met de aanwezigheid van polyfenolen. Als het gaat om verzadigde vetten, zoals boter en kokosvet, wordt iedereen wat voorzichtiger, maar het vermijden van verzadigd vet wordt niet aangeraden. **Kies in ieder geval voor het volwaardige natuurlijke product en dus niet voor de lightversie.** Denk maar aan volle yoghurt.
Als ik de diverse adviezen samenvat: gebruik olijfolie als basisolie, zowel in de koude als warme keuken, varieer bijvoorbeeld ook eens met avocado-olie (ook geschikt om te bakken). Wil je echt op hoge temperaturen bakken, dan kun je het best kokosolie gebruiken en af en toe natuurboter. Voor de rest varieer in de koude keuken met extra vierge oliën zoals olijfolie, lijnzaad-, koolzaad-, perilla-, avocado-, noten- en dergelijke. Besluit: varieer en geniet van de smaak van vet.

'Sommige culturen gebruiken dagelijks kokosolie en ze hebben geen hoger risico op hartziekten dan andere. Donkere chocolade bestaat vooral uit verzadigd vet en lijkt heel gezond, niet alleen voor gewichtscontrole maar ook voor het beperken van cardiovasculaire risico's. Ik denk dat als we vooral bij de volwaardige natuurlijke producten blijven, het best oké is om een verscheidenheid aan vetten te hebben. We moeten geen vetten mijden, ook verzadigd vet niet. Maar wat ik ook niet aanbeveel, is om je eten te laten baden in boter.' - Professor David Ludwig

'Noten, plantaardige vetten rijk aan polyfenolen, volle yoghurt, avocado's, vette vis... allemaal ingrediënten die een goede invloed op onze gezondheid hebben, ook al bevatten ze veel vet.' - Professor Dariush Mozaffarian

BEWEGEN, STRESS EN SLAAP

Gezonde voeding is een belangrijke pijler van ons welzijn, maar ook bewegen, voldoende slaap en stress vermijden zijn belangrijk. Beschouw bewegen vooral niet als een opgave. Net zoals bij eten begin je er het beste stap voor stap mee. Je zult merken dat je er op een bepaald moment zelf naar verlangt en dat het fun is. Wie de weg kiest naar een bewuster leven, wil sowieso zijn horizon verruimen en komt uit bij voeding, bewegen en mindfullness.

NIET MIJN KEUKEN, MAAR JOUW KEUKEN!

Denk vooral nooit dat het te laat is. Integendeel! Geef niet op. Het klinkt misschien vermoeiend om anders te gaan eten, maar dat is het niet. Het is soms veel vermoeiender om niets te doen en bij de pakken te blijven zitten. Zoals Oprah Winfrey zegt: 'De grootste leugen die je jezelf iedere dag kunt wijsmaken is "Ik begin er morgen aan."'

Ik wil eindigen met een quote van professor Dariush Mozaffarian, die mijn boek heeft gelezen en waar ik ontzettend enthousiast over ben. Dit is een van de mooiste complimenten die ik heb gekregen, zeker als je weet dat hij een echte autoriteit is inzake voedingswetenschappen.

'Puur Pascale 2 *is niet zomaar een kookboek. Het is een verfrissend optimistische en constructieve filosofie over eten, die welzijn en vitaliteit verkiest boven gewichtsverlies, kwaliteit boven kwantiteit, zelfbeschikking boven schuldgevoel en afkeuring, en genieten boven saaie soberheid.* ***Lees, kook, eet en geniet!****' - Professor Dariush Mozaffarian*

Noot: de citaten van de professoren komen uit de interviews die ik met hen afnam voor het blad Feeling*. De volledige interviews kun je lezen op mijn website: www.purepascale.com/nl/inspiratie.*

noten

Voor mij zijn noten een geschenk van de natuur. Ik houd ervan omdat ze lekker zijn, omdat hun mooie vormen en kleurschakeringen een lust zijn voor het oog en omdat noten onverwachte mogelijkheden bieden in de keuken. Maar er is meer. Surf even naar de site van Harvard University, tik het woord 'nuts' in, en wat lees je meteen bovenaan de pagina? 'Noten worden geassocieerd met een verlaagd risico op hart- en vaatziekten.' Ook daaronder staat een interessante lijst: besprekingen van studies die aantonen dat noten gelinkt worden aan een verlaagd risico op diabetes type 2, darmkanker, galstenen en diverticulitis. Consumptie van noten wordt ook gelinkt aan een vermindering van cholesterolwaarden, van oxidatieve stress, ontstekingen en insulineresistentie. En bovenal worden noten gelinkt aan vermageren. Een ongelooflijk positieve balans dus. Daarom behoren noten voor mij tot het allerbeste wat de natuur te bieden heeft.

We hebben noten lang gemeden door onze fobie voor alles wat vet bevat, maar intussen weten we beter. Ik heb thuis een kast vol noten: walnoten, hazelnoten, amandelnoten, pecan-, Brazil-, cashew-, macadamia-, pistachenoten... ik noem het mijn snoepkast, maar het is meer dan dat. Als ik een drukke dag heb, zal ik altijd een potje gemengde noten meenemen, eventueel aangevuld met gedroogde abrikozen. Als ik onderweg honger krijg, vormen noten een ideaal tussendoortje. En als ik geen tijd heb om tijdens een drukke werkdag iets deftigs te eten, dan verkies ik noten veruit boven de meeste 'troep' die onderweg te verkrijgen is. Voor iemand die graag gezond eet, is het echt triest wat je vindt in benzinestations en krantenwinkels. Als ik mijn notenrantsoen dan toch vergeten ben, stop ik gewoon even bij een Marokkaanse of Turkse winkel en koop ik noten, gedroogde abrikozen en fruit. Het probleem is dat wie gewoon is om gezond te eten – en dan bedoel ik eigenlijk 'natuurlijke voeding' te eten – geen zin meer heeft in geraffineerde industriële voeding, zoals weke broodjes, plakkerige croissants of smakeloze knakworsten. Maar bovenal, ik kan geen fastfood meer verteren, ik voel me opgeblazen, mijn maag protesteert en ik ben onvoldaan. Met veel plezier smul ik van mijn heerlijke noten, ik vind ze zalig. Ik eet ze niet alleen tussendoor of als volwaardige maaltijd, maar ik gebruik ze ook om een extra touch aan mijn maaltijden te geven. Probeer maar eens de cashewnotenpasta, je zult eraan verslingerd raken, net zoals ik. Of maak eens gebakken groenten met een notensausje, of vis of vlees in de oven met noten en kruiden.

Maak je je zorgen dat je van noten dikker zou worden? Het tegendeel is waar. Uit studies blijkt dat noten je juist beschermen tegen aankomen. Meer nog, wie noten eet, vermagert ervan. De reden is dat noten sterk verzadigen en je ervan weerhouden om andere, ongezondere zaken te eten. De conclusie van de grootschalige Harvard-studie was: noten zijn gelinkt aan een gezonder en langer leven. Leve de noten!

www.nejm.org/doi/full/10.1056/NEJMoa1307352#t=article, Ying Bao, M.D., Sc.D., Jiali Han, Ph.D., Frank B. Hu, M.D., Ph.D., Edward L. Giovannucci, M.D., Sc.D., Meir J. Stampfer, M.D., Dr.P.H., Walter C. Willett, M.D., Dr.P.H., & Charles S. Fuchs, M.D., M.P.H., Association of Nut Consumption with Total and Cause-Specific Mortality, in N Engl J Med 2013; 369:2001-2011, November 21, 2013DOI: 10.1056/NEJMoa1307352.

PIJNBOOMPITTEN MET AMANDELMEEL, KOKOSMELK EN AARDBEIEN

werk: 10 minuten – gaartijd: 10 minuten

De vanille tilt dit gerecht op en maakt echt het verschil. Het amandelmeel en de pijnboompitten zorgen voor de nootachtige smaak en de aardbeien voor de kleur en de zoetzure toets. Kortom, een ontbijt of tussendoortje waar je gelukkig van wordt. En als je wat honing toevoegt, kun je het serveren als dessert. Gebruik wel dikke kokosmelk, zoals bijvoorbeeld die van Delhaize, anders vinden velen het te lopend. Voor de smaak maakt het echter geen verschil.

100 G PIJNBOOMPITTEN
3 EETLEPELS AMANDELMEEL (= 40 G)
400 ML DIKKE KOKOSMELK
1 VANILLESTOKJE
BAKJE AARDBEIEN

Bruin de pijnboompitten in de oven op 180 °C. Zet na 6 tot 7 minuten de oven uit en laat ze nog even staan. Ze mogen niet donkerbruin zijn want dan worden ze bitter, maar lichtbruin zijn ze heerlijk.
Snijd het vanillestokje in de lengte in tweeën en schraap er het merg uit. Doe dit in de kokosmelk, samen met het amandelmeel. Verwarm de kokosmelk even maar laat ze niet koken. Doe ook de pijnboompitten bij de kokosmelk en laat een 5-tal minuten staan.
Snijd intussen de aardbeien in stukjes. Verdeel de kokosmelk met de pijnboompitten over kommetjes en schik er de aardbeien in. Geniet van dit heerlijke gerechtje.

Een zalig ontbijt voor op
die dagen dat het wat meer mag zijn

ASPERGES MET AMANDELEN

werk: 17 minuten – gaartijd: 20 minuten

Deze asperges maak ik klaar als voorgerecht of als bijgerecht bij de hoofdschotel. Ik ben er gek op. De krokante amandelschilfers zijn bijzonder lekker, vooral in combinatie met de heerlijke, beetgare asperges. Wees vooral niet bang om dit gerechtje klaar te maken, daarvoor is het te eenvoudig en te lekker. Kokosbloem haal je bij de natuurwinkel.

BUNDEL ASPERGES
2 EIEREN
4 EETLEPELS KOKOSBLOEM
150 G AMANDELSCHILFERS

Klop de eieren lichtjes op. Schil de asperges. Rol ze door de kokosbloem (door het vocht van de asperges blijft de bloem mooi plakken), haal ze dan door het opgeklopte ei zodat ze kleverig worden, en rol ze ten slotte door de amandelschilfers. Smeer een ovenschaal in met olie en leg de amandelasperges erin. Zet ze 15 tot 20 minuten in de oven op 180 °C. Serveer warm.

GROENTE-SPAGHETTI MET NOTENSAUS

werk: 15 minuten – gaartijd: 5 minuten

Ik houd ervan om extra groenten op tafel te zetten, maar dan liefst groenten met dat tikkeltje meer. Bij dit gerecht zijn het de kleuren, de combinatie van smaken en de noten die het verschil maken. Je kunt het overal bij serveren (zie ook menu p. 38) en als je een mandoline hebt, is het echt niet zoveel werk. Voor gasten doe ik het meestal in één kom, die ik dan op tafel zet. De notensaus serveer ik apart. Ik kan je wel verzekeren dat je tafelgenoten onder de indruk zullen zijn!

GROENTEN:
1 GELE COURGETTE
1 GROENE COURGETTE
2 WORTELEN
1 RODE BIET
KERVEL (VOOR DE AFWERKING)

SAUSJE:
100 G GEMENGDE NOTEN (PISTACHENOTEN, HAZELNOTEN, WALNOTEN...)
EEN HANDVOL PETERSELIE
NOTENOLIE, BV. HAZELNOTENOLIE
1 KNOFLOOKTEENTJE

Maak eerst het sausje. Mix de noten, de knoflook en de peterselie en voeg notenolie toe tot je een dikke notenpasta krijgt. Kruid met flink wat zwarte peper en een beetje zout. Trek slierten van de groenten. Dit doe ik meestal met een dunschiller met tandjes of met een mandoline. Roerbak de groenten een 3-tal minuten in flink wat olijfolie. Als je wilt dat de rode biet haar kleur niet afgeeft aan de andere groenten, kun je die het best apart bakken. Rol de groenten op zoals spaghetti en leg ze in kommetjes. Werk af met de notensaus en wat kervel of andere verse kruiden.

Als je indruk wilt maken met extra kleurrijke en smaakvolle groenten, dan is dit het ideale recept

LAMSVLEES MET NOTEN EN VENKEL

werk: 15 minuten – gaartijd: 20 minuten

Lamsvlees, noten en venkel vormen de basisingrediënten van dit gerecht, en toevallig zijn het ook allemaal lievelingsingrediënten van me. De venkel kun je wel het best apart stoven omdat die langer moet garen. Met dit gerecht kun je veel mensen gelukkig maken.

10-12 LAMSKOTELETJES
1 OF 2 VENKEL(S)

100 G HAZELNOTEN
2 EETLEPELS MOSTERD

4 KNOFLOOKTEENTJES
EEN PAAR TAKJES TIJM

Snijd de venkel in stukken en laat ze onder deksel rustig gaar worden in een pan waarin je een flinke scheut water en een scheut olijfolie hebt gegoten. Dit duurt ongeveer 20 minuten. Check regelmatig of het niet aanbrandt.
Mix de noten met de mosterd in een blender tot een dikke, brokkelige pasta. Leg de notenpasta op de lamskoteletjes. Plet de knoflookteentjes en leg ze tussen het vlees in een ovenschaal.
Zet het vlees 15 tot 20 minuten in de oven op 180 °C. Wrijf de takjes tijm in met olijfolie en leg ze de laatste 5 minuten bij het vlees.

Dit is een gerecht om ten volle van te genieten: weinig werk en veel resultaat.

ZALM MET PISTACHEKORST EN ASPERGES

werk: 10 minuten – gaartijd: 20 minuten

Dit is zo'n eenvoudig en heerlijk gerecht om klaar te maken. Wasabi kennen de meeste mensen als de pikante mosterd bij sushi, maar als je hem verhit, verliest hij zijn pikante kracht en wordt hij juist zacht en eerder zoet. Toch blijft de wasabismaak herkenbaar, en net dat is de verrassing.

300-400 G ZALMFILET
EEN BUNDEL GROENE ASPERGES
EEN HANDVOL PISTACHENOTEN
1 GROTE KOFFIELEPEL WASABI

Mix de noten, de wasabi en een lepel olijfolie tot een korrelige brij. Leg de zalm in een ovenschaal en bedek hem met het wasabi-notenmengsel.
Wentel de groene asperges in olijfolie met peper en zout en schik ze rond de zalm.
Zet de schaal een 20-tal minuten in een warme oven op 180 °C.

De pistachenoten met wasabi maken het verschil in dit gerecht, maar het is helemaal niet pikant.

MOSSELEN MET CASHEWNOTENSAUS

werk: 15 minuten – gaartijd: 15 minuten + 1 nacht laten weken (hoeft niet)

Als je eenmaal cashewnotenroom hebt geproefd, wil je meer. Het idee komt uit de 'raw food'-beweging waar het wordt gebruikt als vervanging van room. Probeer ook eens 'pasta' van cashewnoten, heerlijk! Je hebt er wel een krachtige foodprocessor voor nodig. Doe de noten in de processor en mix tot je een dikke pasta krijgt, dat duurt wel even, reken toch een 10-tal minuten. Eerst zie je de noten veranderen in poeder, dan wordt het wat vlokkerig, blijf gewoon doorgaan, misschien moet je regelmatig met een lepel alles naar beneden duwen. Blijf blenden tot je een dikke smeuïge pasta krijgt. Wie een kleine mixer gebruikt kan best af en toe even pauzeren zodat de motor niet oververhit geraakt. Een tip is de noten een nacht laten weken, dan gaat het mixen tot een pasta makkelijker. In dit recept combineer ik de notenroom met knoflook en mosselen - bijzonder lekker, maar ook in desserts wordt cashewnotenroom veel gebruikt.

2 KG MOSSELEN
100 G ONGEZOUTEN CASHEWNOTEN (WEKEN OF NIET, ZIE INLEIDING)

4 LENTE-UITJES, GROF GEHAKT
1 JONGE KNOFLOOKBOL (OF 6 GEDROOGDE KNOFLOOKTEENTJES)

Giet het water weg waarin de cashewnoten hebben geweekt, doe de cashewnoten in een blender en mix stevig tot je een dikke pasta krijgt (zie inleiding). Giet er een liter vers water bij en mix tot je een witte melk krijgt.
Haal enkel de buitenste laag van de grote knoflookbol en snijd hem in zijn geheel in dunne plakjes. Bij verse knoflook kun je de volledige bol gebruiken en niet enkel de knoflookteentjes.
Giet een flinke scheut olie in een pan en leg er de mosselen in. Voeg de lente-uitjes en de knoflook toe en kruid met peper en zout. Zet het deksel op de pan en wacht tot de mosselen opengaan.
Giet de cashewnotenmelk erbij en laat nog even koken zonder deksel. Je zult zien dat de saus een beetje bindt door de noten.

Je kunt gerust zeggen dat je room gebruikt hebt zo verrassend kunnen cashewnoten zijn

APPELTAART MET NOTEN

werk: 15 minuten – gaartijd: 25 minuten

Dit is zo lekker! Gewoon eens klaarmaken! Bij de noten heb ik ook wat pijnboompitten gemengd, dat maakt het subtieler.

4 APPELS (DIE JE LEKKER VINDT)
4 EETLEPELS NOTENPASTA (NATUURWINKEL)
400 G GEMENGDE NOTEN

KANEELPOEDER
HONING

Verwijder het klokhuis uit de appels, de schil mag eraan blijven. Snijd de appels in blokjes. Leg ze in een ovenschotel en meng ze met de notenpasta. Hak de noten grof en meng ze met een koffielepel kaneelpoeder. Strooi de noten over de appels en giet er in een dunne straal honing over. Zet 25 minuten in de oven op 180 °C.

chocolade

Chocolade doet velen wegdromen, inclusief mezelf. Wie kent niet het intense genot dat samengaat met het verorberen van een stukje chocolade? Het begint met de harde maar aangename beet die de chocolade verbrokkelt, zodat hij in je mond snel wordt omgezet in een zachte massa die de smaakpapillen op ieder plekje van je tong beroert en prikkelt. Cacao bevat meer dan duizend verschillende stoffen en men onderscheidt driehonderd verschillende smaken en vierhonderd aroma's. Het basisproduct van chocolade is dus een complexe stof met heel veel geneeskrachtige eigenschappen. Cacao heeft bovendien een opwekkend effect, stimuleert het hart en het zenuwstelsel, vandaar dat chocolade ook de eigenschap zou hebben ons gelukkig te maken.

Chocolade is lekker en gezond maar er wordt vaak te veel suiker aan toegevoegd, en dat doet afbreuk aan de gezondheidsvoordelen. Ik kies daarom voor chocolade met een hoog gehalte aan cacao, minstens 70 procent. Maar ik wissel regelmatig af met chocolade met 85 procent cacao, tot zelfs af en toe 99 procent. Die laatste moet je wel leren eten, zoals ook de rauwe chocolade van ongebrande bonen. Hoe meer cacao, hoe gezonder de chocolade.

Chocolade is een van de interessantste voedingsmiddelen om lekkere desserts te bereiden. Daarom heb ik ervoor gekozen om een aantal van die heerlijke gerechten in dit boek aan te bieden. Het is natuurlijk niet de bedoeling dat je alle dagen zo'n dessert zou eten, want zoals iedereen weet: wie de heerlijkheden zorgvuldig doseert, zal er des te meer van genieten. Maak van een recept met chocolade nooit een banaal nagerechtje, maar beschouw het als een delicaat geschenk van de kok of de kokkin. Wie, zoals ik, iedere dag bewust geniet van een stukje chocolade bij de koffie of de thee, die beleeft telkens het genot van de driehonderd smaken en vierhonderd aroma's. En dat allemaal in een minuscuul blokje pure chocolade.

CHOCOLADETAART

werk: 15 minuten – gaartijd: 20 minuten – voor 3 tot 4 personen

Het woord 'taart' staat echt symbool voor gezelligheid. Wie graag taart klaarmaakt, eet niet alleen graag, maar deelt ook graag. Deze heerlijke chocoladetaart is eenvoudig te bereiden. Laat ze niet te lang in de oven staan, dan is het binnenste nog heerlijk smeuïg en vochtig.

100 G DONKERE CHOCOLADE
2 EIEREN
20 G SUIKER, BV. KOKOSBLOESEMSUIKER
30 G KOKOSRASP
50 G DIKKE KOKOSMELK
CACAOPOEDER EN CACAONIBS (STUKJES RAUWE CACAO) VOOR DE AFWERKING

Smelt de chocolade au bain-marie. Scheid het eiwit van het eigeel. Klop het eiwit tot pieken. Meng het eigeel stevig met de suiker en giet er een flinke scheut olijfolie bij. Meng er de kokosmelk en de kokosrasp onder en dan de gesmolten chocolade. Meng er tot slot voorzichtig het opgeklopte eiwit onder. Giet het beslag in een ovenschaal bedekt met boterpapier. Zet de taart ongeveer 20 minuten in de oven op 180 °C. Let op, elke oven is anders, dus de gaartijd kan hier wat van afwijken. Steek een naald in het midden van het beslag om te controleren of de taart klaar is. De naald moet er vochtig uitkomen maar er mag geen chocolade meer aan kleven. Haal de taart uit de ovenschaal. Strooi er wat cacaopoeder en cacaonibs over als afwerking.

Een chocoladetaart werkt altijd.

Mijn lievelingssnoepje bij de thee.
Niet te zoet en niet te bitter.
Balletjes met karakter.

CHOCOLADE-TRUFFELS

werk: 15 minuten – gaartijd: minstens 30 minuten in de ijskast – voor ongeveer 15 balletjes

Ik kan enorm genieten van een heerlijk theemoment en voor mij hoort daar een stukje chocolade bij. Maar de gewone stukjes donkere chocolade begonnen een beetje saai te worden, dus ben ik beginnen te experimenteren met gemakkelijke en haalbare recepten die toch iets meer te bieden hebben. Deze balletjes zijn echt een schot in de roos. Heel leuk om te maken, eenvoudig en superlekker. Voor mij zijn ze zoet genoeg, maar ik merk dat niet iedereen dat vindt. Het staat je uiteraard vrij om er meer dadels of extra suiker aan toe te voegen.

120 G AMANDELMEEL
100 G DADELS
60 G CACAOPOEDER + EXTRA VOOR DE AFWERKING
2 EETLEPELS KOKOSVET

Doe alles in een blender en meng tot een korrelige massa. Het is pas bij het samendrukken dat je balletjes kunt vormen. De balletjes kun je niet echt rollen maar druk je samen in je handen en vingers. Ze hoeven ook niet perfect rond te zijn, integendeel, dat maakt ze mooi. Wentel ze even door de cacao en zet ze minimaal 30 minuten in de ijskast. Als ze uit de ijskast komen, kun je ze het beste nog een keer door wat cacao rollen, zodat de buitenkant helemaal droog is.

CHOCOLADE-KOKOS-DRIEHOEKJES

werk: 10 minuten – gaartijd: 30 minuten in de ijskast

Als je alle ingrediënten in huis hebt, maak je dit dessert in een handomdraai. Je hebt geen oven of vuur nodig, enkel een ijskast. Of voor wie echt geen geduld heeft: in de diepvries gaat het nog sneller. Wie geen toegevoegde suiker wil, kan dadels gebruiken, maar dan krijg je wel een andere, zachtere structuur.

240 G DONKERE CHOCOLADE
40 G KOKOSBLOEM (NATUURWINKEL)
40 G DIKKE KOKOSMELK
40 G KOKOSVET
40 G GERASPTE KOKOS + WAT EXTRA
40 G KOKOSBLOESEMSUIKER (OF ANDERE SUIKER)

BOTERPAPIER

Smelt de chocolade au bain-marie en meng er alle ingrediënten onder. Neem een effen werkvlak, bijvoorbeeld een houten snijplank, en leg daarop boterpapier. Spreid het mengsel hierover uit met de achterkant van een grote lepel. Strooi er wat geraspte kokos over en zet minimaal 30 minuten in de ijskast, of tot de chocolade hard geworden is. Haal uit de ijskast en snijd de chocolade in de gewenste vorm. Ik vind driehoekjes wel leuk.

Het lastigste is wachten tot de driehoekjes hard geworden zijn in de ijskast. Ze zijn gewoon heerlijk!

CHOCOLADE-CHEESECAKE

werk: 15 minuten – gaartijd: 40 minuten

Ik hou niet echt van gebak, maar deze chocoladecheesecake is niet te versmaden. Hij is zacht, smeuïg, vol van smaak en beloont de chocoladeliefhebber helemaal. Er zitten namelijk stukjes chocolade in, die een intensere smaak hebben dan wanneer je de chocolade eerst zou smelten en onder het beslag mengen.

200 G DONKERE CHOCOLADE
400 G MASCARPONE
4 EIEREN
75 G KOKOSBLOEM
50 G KOKOSBLOESEMSUIKER

NODIG: BOTERPAPIER

Hak de chocolade grof of gebruik chocoladecallets. Klop de mascarpone luchtig. Meng de eieren met de suiker, meng er de kokosbloem onder, dan de mascarpone en tot slot de grof gehakte chocolade. Leg het boterpapier in een ovenvaste schaal en giet er het beslag in.

Zet de chocoladecheesecake een 40-tal minuten in een warme oven op 180 °C, of tot je er een vork in kunt steken die er wel nog vochtig uitkomt maar waar geen beslag aan blijft kleven. Laat de cake eerst afkoelen voor je hem snijdt (als dat tenminste lukt). Serveer eventueel met wat blauwe bessen.

Deze cheesecake is onwaarschijnlijk lekker en eenvoudig te maken

YOGHURTIJS MET CHOCOLADE EN BLAUWE BESSEN

werk: 15 minuten – gaartijd: 2 uur in de diepvries

Dit is zo'n leuk gerecht. Wie houdt van yoghurt, fruit en chocolade moet dit zeker eens uitproberen. Heerlijk voor op zwoele zomeravonden, en klein of groot, iedereen houdt ervan. Het grote voordeel is dat dit dessert niet kan mislukken. Belangrijk is wel dat je het tijdig in de diepvries zet en dat je volle yoghurt en room gebruikt, anders zal de smaak waterachtig zijn.

300 G VOLLE, DIKKE GRIEKSE YOGHURT
200 G VOLLE ROOM
1 BAKJE BLAUWE BESSEN
100 G DONKERE CHOCOLADE (70% CACAO)
3 EETLEPELS HONING (OPTIONEEL)

Leg bakpapier in een schaal. Mix drie vierde van de blauwe bessen tot een coulis, houd de rest opzij voor de afwerking. Snijd de chocolade in kleine stukken. Meng de yoghurt met de room en de honing en giet ze in de vorm, ongeveer een halve centimeter dik. Giet de bessencoulis met een lepel over de yoghurt, met de flair van een kunstschilder. Werk af met de chocoladestukjes en de volledige blauwe bessen.

Zet het dessert minstens 2 uur in de diepvries, of tot het helemaal bevroren is. Breek het yoghurtijs met je handen, voor het oog van je tafelgenoten, want dat maakt deel uit van het plezier. Of laat iedereen zijn eigen stuk afbreken.

Met dit verrassende
dessert kun je indruk
maken op je gasten

Ornithogalum
Umbellatum

kikkererwten

Kikkererwten geven je keuken een exotische toets die je meteen doet denken aan de landen van het Midden-Oosten. Ze zijn ook altijd handig en praktisch om in huis te hebben, want zodra je ermee begint te experimenteren, kun je ze niet meer missen. Ik heb ze altijd in de keuken staan, zowel gedroogde kikkererwten als voorgekookte die je koopt in een pot.

Ik ken niemand die geen kikkererwten lust, maar ik ken wel veel mensen die nooit kikkererwten klaarmaken. Gewoon omdat ze niet weten wat ze ermee moeten doen.

Je kunt er nochtans heerlijke, verrassende gerechten mee maken en ze zijn eenvoudig te bereiden. Kikkererwten met gebakken knolselder en boerenkool bijvoorbeeld, lekker en snel klaar, of gegrilde kikkererwten met groenten, ook al geen werk en zo smakelijk!

Kikkererwten behoren tot de groep van de peulvruchten en zijn vooral een bron van koolhydraten, maar omdat ze veel vezels bevatten leveren ze hun suikers langzaam af, waardoor je bloedsuikerspiegel niet gaat pieken. Kenmerkend voor peulvruchten is ook hun hoge gehalte aan eiwitten, twee- tot driemaal zoveel als in tarwe of rijst. Daarom vormen ze al heel lang een alternatief voor duurdere, dierlijke voedingsmiddelen en zijn ze populair bij de veganisten onder ons. Nog opmerkelijk aan kikkererwten is dat vijf procent van hun gewicht uit olie bestaat. Ze zijn dus niet alleen voedzaam, maar geven ook lang een gevoel van verzadiging. Wellicht daarom spelen ze al sinds mensenheugenis een belangrijke rol in de culinaire geschiedenis, vooral in het Midden-Oosten en Azië.

En dan de bereiding. Als het snel moet gaan, gebruik ik voorgekookte kikkererwten, die ik koop in een bokaal. Je kunt ze meteen zo eten, verwerken in salades of warme gerechten. Maar ik ga ook graag aan de slag met gedroogde kikkererwten. Die kun je het beste een dag en een nacht van tevoren laten weken, dan moet je ze minder lang koken. En er is nog een belangrijke reden om peulvruchten, zoals kikkererwten, te weken, het maakt ze namelijk beter verteerbaar. Sommige mensen hebben last van winderigheid na het eten van peulvruchten. Dat komt omdat peulvruchten onverteerbare suikers bevatten. Door ze te laten weken verdwijnt een deel van deze suikers. Leg ze in ruim water want gedroogde kikkererwten slorpen veel water op en worden drie keer zo groot na het weken. Na ze te hebben geweekt, giet je het water weg en kook je ze 20 tot 30 minuten in vers water. Als je te veel kikkererwten hebt, doe ze dan in een potje met kookwater en bewaar ze in de diepvries.

Je kunt je ontdekkingstocht het beste beginnen met voorgekookte kikkererwten in een bokaal en met de eenvoudige recepten. Als je de smaak eenmaal te pakken hebt, zul je het leuk vinden om ermee verder te gaan. Niets leukers dan je eigen falafel met hummus te maken. Wat je zeker ook eens moet proberen, zijn de pannenkoeken, bijzonder lekker en ook heel eenvoudig.

Maak vooral voldoende,
want ze zijn zo op

TOMATENBEIGNETS MET KIKKERERWTENMEEL

werk: 10 minuten – gaartijd: 6 minuten – voor een 13-tal stuks

Dit zijn luchtige, sappige beignets met een heerlijke tomatensmaak. Gebruik gedroogde tomaten opgelegd in olie, die zijn zachter en minder taai. Het deeg is nogal vochtig, maar geen paniek: in de hete olie komt alles in orde. Ik gebruik kokosvet om in te frituren omdat dit stabiel blijft bij hete temperaturen.

45 G KIKKERERWTENMEEL
3 TOMATEN (260 G)
75 G GEDROOGDE TOMATEN (IN OLIE)

30 G BLADPETERSELIE
3 LENTE-UITJES

Snijd de tomaten in kwarten, verwijder de zaadjes en het vocht en snijd het vruchtvlees in grote stukken. Snijd de gedroogde tomaten en de lente-uitjes in grote stukken en hak de bladpeterselie grof. Doe alles in een blender en maal grof, er moeten nog stukken in zitten. Kruid het tomatenmengsel met peper en zout en meng het kikkererwtenmeel eronder. Laat het vet in de frituurpan heet worden (ongeveer 180 °C). Leg telkens een lepel van het mengsel in de hete olie. Bak ongeveer 2 minuten. Werk af met wat fijngehakte lente-ui.

KRUIDIGE PANNENKOEK VAN KIKKERERWTENMEEL

werk: 15 minuten – gaartijd: 20 minuten – voor een 4-tal pannenkoeken

Kikkererwten zijn zo dankbaar om mee te werken, je kunt er echt alle richtingen mee uit. Deze pannenkoeken zijn heerlijk en praktisch om mee te nemen. Kruid ze stevig, want kikkererwten slorpen smaken op. Ik heb er hier spinazie aan toegevoegd, maar je kunt ook erwtjes gebruiken. Je kunt ze vullen met alles wat je lekker vindt. Zelf vind ik ze zalig met gewoon wat rauwe rucola.

200 G KIKKERERWTENMEEL
350 G WATER
130 G GEKOOKTE SPINAZIE

2 KNOFLOOKTEENTJES
20 G KORIANDER
1 THEELEPEL KURKUMA
1 EETLEPEL KOMIJNZAADJES
SESAMZAADJES
RUCOLA

Doe het kikkererwtenmeel in een diepe pot en voeg het water toe. Meng met een elektrische klopper (waar je deeg mee mengt) zodat er geen klonters meer zijn.
Mix de koriander, de knoflook, de kurkuma, de komijnzaadjes en de gekookte spinazie in een keukenrobot. Kruid flink met peper en zout. Voeg de kruiden en de spinazie toe aan het deeg en meng goed. Het geheel is nu een dik beslag. Doe wat kokosvet of boter in een pan met antiaanbaklaag. Giet het beslag in de pan en spreid het open met een spatel. Strooi wat sesamzaadjes over het vochtige beslag.
Bak de pannenkoek een 2-tal minuten aan de ene kant en draai hem pas om als het deeg in het midden helemaal droog is. Bak hem nog een goede minuut aan de kant met de sesamzaadjes. Meng de rucola met wat olijfolie en fleur de sel. Serveer de pannenkoeken met de rucola.

ook ideaal als lunch 'on the road'

Het lijkt veel werk maar dat is het niet. Homemade falafels smaken zo veel beter.

FALAFEL MET HUMMUS

werk: 30 minuten – gaartijd: 1 nacht laten weken + 10 minuten garen – voor een 20-tal stuks

Lekkere falafel klaarmaken is een kunst. Hij moet zacht zijn vanbinnen en krokant vanbuiten. Kikkererwten slorpen veel smaak op, dus goed kruiden is de boodschap. Maak falafel niet met gekookte kikkererwten, want dan wordt het te droog. Gebruik rauwe kikkererwten die je minimaal één nacht (of twee) hebt laten weken. Ze worden dus niet gekookt.

FALAFEL:
500 G RAUWE KIKKERERWTEN, 1 NACHT GEWEEKT
1 UI, GROF GESNEDEN
6 KNOFLOOKTEENTJES
20 G KORIANDER
20 G BASILICUM
20 G BIESLOOK
1 EETLEPEL KURKUMA
1 EETLEPEL GROENE CURRYPASTA

HUMMUS:
250 G GEKOOKTE KIKKERERWTEN
3 KNOFLOOKTEENTJES
2 EETLEPELS TAHIN
3 EETLEPELS GEROOSTERDE SESAMOLIE
PAPRIKAPOEDER (VOOR DE AFWERKING)

Laat de rauwe kikkererwten minimaal één nacht (of zelfs twee nachten) weken en giet het water weg. Doe 500 gram uitgelekte kikkererwten in een keukenrobot (de kikkererwten worden dus niet gekookt!) samen met de andere ingrediënten en mix tot een smeuïge massa. Zet opzij. Idealiter frituur je de falafel pas vlak voor het serveren. Zorg ervoor dat het frituurvet heet genoeg is, ongeveer 180 °C (zie tip). Ik vind het leuk om schijfjes te maken in plaats van bolletjes, dan zie je dat ze homemade zijn. Frituur ze ongeveer drie minuten.

Doe de ingrediënten in een keukenrobot, voeg een scheutje water toe en mix tot een smeuïge massa.

Lepel wat hummus op een bordje en leg daarop een falafel. Werk af met wat verse bieslook, paprikapoeder en leg hier en daar een kikkererwt.

Tip: vet heet genoeg

Sommige mensen bakken de falafels liever in een pan; op zich geen probleem, maar zorg ervoor dat je vet heet genoeg is, anders slorpt de falafel langzaam vet op en valt hij uit elkaar. Om op hete temperaturen te bakken of te frituren gebruik ik liever kokosvet, omdat deze olie stabiel blijft bij hoge temperatuur.

KIKKERERWTEN MET GEBAKKEN KNOLSELDER EN BOERENKOOL

werk: 10 minuten – gaartijd: 15 minuten

Dit gerecht, of een variatie erop, maak ik klaar als het snel moet gaan. Het is supereenvoudig en superlekker. De combinatie van de eerder droge kikkererwten met de roomachtige en zachte knolselder is ideaal. Knolselder vind ik trouwens zo'n verrassende groente dat ik er een apart hoofdstuk aan gewijd heb (zie p. 122). Maar hier spelen kikkererwten nog altijd de hoofdrol.

240 G GEKOOKTE KIKKERERWTEN (ZIE INTRO OP P. 173)
400 G KNOLSELDER
150 G BOERENKOOL

1 EETLEPEL RAS EL HANOUT
2 KNOFLOOKTEENTJES

Roer de ras el hanout en wat olijfolie onder de uitgelekte kikkererwten en zet opzij. Snijd de knolselder in grote, gelijke stukken en stoof ze een 7-tal minuten onder deksel in olie met een flinke scheut water. Roer af en toe.
Verwijder de dikke steel van de boerenkool en snijd het blad grof. Snijd de knoflook in plakjes. Voeg ze allebei bij de knolselder en stoof een 3-tal minuten verder. Voeg de kikkererwten toe en roerbak nog een 2-tal minuten. Serveer.

Tip: ras el hanout

Zie tip bij gegrilde kikkererwten (p. 186).

De heerlijk kruidige kikkererwten
passen perfect bij de romige knolselder.

SOEP MET KIKKERERWTEN, TOMAAT EN BOERENKOOL

werk: 15 minuten – gaartijd: 15 minuten

Van dit soort gerechtjes word je gelukkig. Een maaltijdsoep smaakt altijd, zeker wanneer er weinig werk aan is en je kunt genieten van een overvloed aan volle, warme smaken. Maak vooral voldoende, want de volgende dag smaakt ze nog beter.

250 G GEKOOKTE KIKKERERWTEN (ZIE INTRO OP P. 173)
100 G BOERENKOOL
3 TOMATEN
2 EETLEPELS TOMATENPUREE

2 KNOFLOOKTEENTJES
2 CM GEMBER
1 THEELEPEL KURKUMA
EEN BEETJE CITROENSAP

Snijd de boerenkool in grote stukken en stoof ze zachtjes in flink wat olijfolie. Roer regelmatig. Snijd de tomaten in kwarten, verwijder het zaad en het vocht en voeg de stukken toe aan de boerenkool. Snijd de knoflook en de gember in dunne plakjes en voeg ze ook toe.
Voeg, als de groenten bijna gaar zijn, twee glazen water, de tomatenpuree en de kurkuma toe. Laat de soep een paar minuten zachtjes koken. Voeg dan de kikkererwten toe. Breng op smaak met peper, zout en een beetje citroensap.

Een soepje waar je gelukkig van wordt
Weinig werk, heerlijk van smaak

GEGRILDE KIKKERERWTEN EN GROENTEN IN BRIKDEEG

werk: 15 minuten – gaartijd: 20 minuten

Dit gerecht is ontstaan op een middag waarop ik weinig tijd had, maar wel lekkere ingrediënten in huis had. Dan is de oven mijn toevlucht: veel minder afwas, veel minder werk en bovenal: het gelijkmatig garen komt de smaken ten goede. Ook het bord in brikdeeg is echt heel eenvoudig te maken. Het geeft het gerecht niet alleen een frivole look, het krokante gaat ook perfect samen met de smeuïge groenten.

200 G GEKOOKTE KIKKERERWTEN
1 AUBERGINE
2 TOMATEN
2 UIEN
2 VELLEN BRIKDEEG

SOJASAUS
6 KNOFLOOKTEENTJES
1 EETLEPEL RAS EL HANOUT
EEN HANDVOL KORIANDER

Bedek een bakplaat met bakpapier of aluminiumfolie. Snijd de aubergine in grote stukken, doe ze in een kom, kruid met peper en giet er een flinke scheut olijfolie en sojasaus bij. Hussel goed door elkaar zodat al het vocht wordt opgenomen. Verspreid dit over de ovenplaat. Snijd de ui in vieren en snijd hierbij door de stam, zodat de kwarten niet uit elkaar vallen. Doe ze in dezelfde kom. Snijd de tomaten in kwarten, verwijder de zaadjes en het vocht, doe ze in de kom bij de uien. Giet er een flinke scheut olijfolie bij en kruid met peper en zout. Hussel door elkaar en verspreid tussen de rest van de groenten op de bakplaat. Plet de knoflookteentjes met de schil en leg ze ook tussen de groenten. Doe de uitgelekte kikkererwten in de kom, voeg de ras el hanout toe en een flinke scheut olijfolie. Hussel alles goed door elkaar en schik de kikkererwten tussen de rest van de groenten. Zet de bakplaat 20 minuten in de oven op 180 °C.

Bord in brikdeeg:
Neem een kom in inox en zet hem op zijn kop (met de opening naar onderen). Wrijf een brikdeegvel in met olijfolie en leg het over de kom. Bind het onderaan vast met een touwtje, zodat het brikdeeg mooi rond de kom blijft zitten. Zet een 7-tal minuten in de oven op 180 °C. Serveer de groenten met de kikkererwten in het brikdeeg.

Tip: ras el hanout

Dit is een Marokkaanse kruidenmengeling met onder andere kurkuma, koriander, komijn, gember en peper. Ras el hanout is vrij goedkoop te vinden bij Marokkaanse winkels, en zodra je het kent, wil je het overal in doen. Gewone gerechten krijgen plots een diepere smaak – echt een aanrader.

Heel eenvoudig en
een bom van smaken
Met dit mandje in brikdeeg heb ik al veel complimentjes
geoogst Je mag dus ook je bord opeten

EIGENLIJK BESTAAN ER GEEN FOUTE KOOLHYDRATEN

In de natuur zijn er geen foute koolhydraten, en ook geen foute vetten of foute proteïnen. Maar dat worden ze vaak wel zodra ze de fabriek zijn gepasseerd. Daar worden ze bewerkt: er worden stoffen uitgehaald, zoals vezels en levende materie, en stoffen aan toegevoegd, zoals bewaarmiddelen en smaakversterkers. En dat is het grote probleem. Het is heel belangrijk om het verschil te kennen tussen natuurlijk voedsel en geraffineerd of bewerkt voedsel. Hoe vaak hoor ik niet: 'Pascale is tegen koolhydraten', terwijl ik helemaal niet tegen koolhydraten ben, maar wel, eenvoudig gezegd, tegen de 'koolhydraten uit de fabriek'.

Laat me een mooi voorbeeld geven dat veel duidelijk maakt. Onlangs pakten de media uit met een onderzoek naar de eetgewoonten van een Boliviaanse stam, de Tsimane.(1) Hun hart en bloedvaten behoren tot de gezondste van de wereld. In de pers werd vooral beklemtoond dat ze best veel koolhydraten aten, waarmee men eigenlijk bedoelde: 'Zie je wel dat er niets mis is met koolhydraten!'
Maar wat men over het hoofd zag, is dat die stam onbewerkte, natuurlijke koolhydraten eet: in ieder geval geen brood, spaghetti, frieten of koekjes, maar wel wilde bessen en noten, wilde planten uit het bos, bakbananen en volle rijst. Ze drinken chicha, een gefermenteerd drankje van mais en maniok. Verder eten ze wild vlees, ze jagen op apen, gordeldieren, neusberen, wilde zwijnen en in de rivieren vangen ze vis. Bovendien bewegen ze tot acht uur per dag. Nog andere factoren die een rol spelen: ze roken niet, hebben geen stress, zijn niet zwaarlijvig en hebben geen diabetes.

> *'Koolhydraten in hun natuurlijke vorm worden traag verteerd. Hoe meer geraffineerd koolhydraten zijn, des te meer doen ze je bloedsuiker en je insuline stijgen en stimuleren ze je vetcellen om meer vet op te slaan. Het lichaam reageert er totaal anders op.'* - Professor David Ludwig

Er wordt veel onderzoek gedaan naar groepen die nog in stamverband leven, zoals de Hadzabe in Tanzania en de Masai in Kenia. Wetenschappers staan vaak versteld van hun puike gezondheid, ook al eten ze allemaal anders. Sommigen eten meer proteïnen of koolhydraten, anderen eten dan weer meer vet. Een mooi bewijs dat er niet zoiets bestaat als 'het beste voedingspatroon'. Wat ze wel allemaal gemeen hebben is dat ze onbewerkte, natuurlijke voeding eten, rechtstreeks uit de natuur naar de keuken.

Terry Wahls, arts en professor aan de universiteit van Iowa, vertelde in haar lezing dat de jager-verzamelaar vroeger gemiddeld tussen 100 en 150 gram vezels per dag binnenkreeg. Bij de hedendaagse westerling is dat gemiddeld 15 gram. Dat is kenmerkend voor wie geraffineerde voeding eet waaruit de vezels verwijderd zijn. Vooral het bewerken van koolhydraten is bij ons in het Westen uit de hand gelopen. Dat is dan ook de reden waarom vooral koolhydraten worden geviseerd door mensen die met gezonde voeding bezig zijn. Neem nu granen, het basisvoedsel in het Westen. Bijna niemand koopt volle granen om er thuis mee te koken. We kopen geraffineerde koolhydraten, gemaakt van 'meel'. Meel is het hoofdingrediënt in de meeste bewerkte koolhydraten. Het meel komt voorverpakt aan in de bakkerijen voor brood, gebak en koekjes. Vaak worden er nog allerlei zaken aan toegevoegd, zoals bewaarmiddelen, smaakversterkers en dergelijke. Zogoed als alle tarweproducten zijn sterk bewerkt en die vormen in het Westen net ons basisvoedsel. Daarom hebben ze zo'n negatieve invloed op onze gezondheid.
Volgens dr. Natasha Campbell bestaat er geen twijfel meer over dat voeding gemaakt van tarwemeel mee aan de basis ligt van diabetes, atherosclerose en andere degeneratieve ziekten.(2) We moeten beseffen dat tarweproducten gemaakt van meel niets meer te maken hebben met de gezondheidsvoordelen die

(1) www.unm.edu/-tsimane
(2) Put Your heart in Your mouth - McBride MS-MMedSci (neurology), MMedSci (nutrition)

wel terug te vinden zijn in volle granen. Dus koop volle, onbewerkte granen zoals quinoa, haver, boekweit, bruine rijst... Dat zeg ik niet, maar wel de wereldvermaarde professor Ludwig.

'Als je kunt kiezen tussen brood of fruit, is het absoluut beter om voor fruit te kiezen. Volle granen zijn ook goed, maar brood is meestal gemaakt met gemalen granen, met meel. Zelfs al zijn het volle granen, als ze gemalen zijn tot meel zijn ze niet veel beter dan witbrood. Het punt is om de granen zo min mogelijk te bewerken, zodat ze niet alleen alle goede nutriënten bevatten, maar ook traag worden verteerd.' - Professor David Ludwig

Voorbeelden van natuurlijke versus geraffineerde vorm:

	NATUURLIJKE VORM	GERAFFINEERDE VORM
KOOLHYDRATEN Bv. granen	Volle granen	De meeste broden, koekjes, gebak
PROTEÏNEN Bv. vlees	Rauw vlees van wilde dieren	Bewerkte vleeswaren: charcuterie, vlees van vetgemeste dieren die niet hun natuurlijke voeding kregen en behandeld zijn met antibiotica
VETTEN Bv. olijfolie	Natuurboter Olijfolie van eerste koude persing Kokosvet van eerste koude persing	Geraffineerde olie, die onder te hoge temperaturen of met schadelijke chemische solventen wordt geëxtraheerd, en transvetten

Na het raffinageproces kunnen we niet meer spreken over natuurlijke voeding. Ik zou het zelfs 'nepvoedsel' of 'dode voeding' durven noemen, omdat zogoed als al het leven eruit is gehaald om het product zo lang mogelijk te kunnen bewaren.

POVER ETEN IS OORZAAK NUMMER ÉÉN VAN EEN POVERE GEZONDHEID

Ons lichaam reageert niet goed op geraffineerd voedsel. Overeten is bijvoorbeeld geen stoornis, maar eerder een normale reactie op geraffineerd voedsel, dat heb ik zelf ervaren. Het is het gevolg van de manier waarop dat soort voeding tekeergaat in ons lichaam, door onder meer onze hormonen helemaal in de war te sturen. Daarom beweer ik: het ligt niet aan ons, maar wel aan de westerse voeding.
Natuurlijke voeding biedt de beste kans op een gezond lichaam. Op die manier moet je het verhaal van de Tsimane bekijken. Zij hebben op z'n minst zichzelf niet verloochend. En ze tellen zeker geen calorieën.

'Duizend calorieën van lekker natuurlijk eten zijn veel beter voor je gezondheid dan zevenhonderd calorieën van geraffineerde voeding.' - Professor Dariush Mozaffarian

witlof

Witlof betekent eigenlijk 'witte bladeren'. En om de een of andere reden spreken die 'witte bladeren' ontzettend tot mijn verbeelding. Ze zijn mooi, geheimzinnig en bijzonder lekker.

Witlof is afkomstig van de chicoreiplant. De legende wil dat bij een overproductie aan chicorei de overtollige wortels in een schuur werden gelegd, begonnen te kiemen en dat er bovenaan de wortels door een gebrek aan licht een mooie witte bloem groeide: witlof.

Dat witlof een beetje bitter smaakt stoort me niet, integendeel, ik hou ervan, dat geeft net karakter aan de groente. Bovendien bevatten 'extra gezonde' groenten vaak bittere stoffen. Zegt men niet 'bitter in de mond maakt het hart gezond'? Precies die bittere toets lijkt weer helemaal geapprecieerd te worden in de keuken. Ook het wetenschappelijk onderzoek spitst zich toe op de invloed van bittere stoffen op onze gezondheid. De uitdaging is vooral hoe je ze klaarmaakt zonder te vervallen in de klassieke, gangbare recepten. En laat dat nu het liefste zijn wat ik doe.

Vroeger was witlof vooral een wintergroente, het hoogseizoen liep van oktober tot maart. Vandaag worden de wortels van het witlof geoogst in het najaar en gekoeld bewaard. Vervolgens worden ze in een donkere ruimte geplaatst in verwarmde grond of op water gezet. In drie tot vier weken groeit er een krop 'witte bladeren' uit.

Duisternis, warmte en vochtigheid zijn onontbeerlijk voor de groei van witlof. Dat maakt het wat mysterieus.

WITLOF OPGEVULD MET GEITENKAAS EN DADELS

werk: 15 minuten – gaartijd: 20 minuten

Voor wie zijn kinderen witlof wil laten eten, is dit gerecht zeker het proberen waard. Iedereen lust witlof op deze manier, de dadels maken het zoet en toegankelijk. Heerlijk met de gebruinde noten erbij.

4 STRONKJES WITLOF
200 G GEITENKAAS
EEN HANDVOL WALNOTEN
4 DADELS

Halveer het witlof en verwijder het binnenste harde gedeelte. Als de holte niet groot genoeg is, verwijder dan ook een paar blaadjes en verwerk ze in de vulling. De bedoeling is dat je een mooi kuipje hebt om op te vullen. Mix de walnoten en de dadels in een blender en meng ze onder de geitenkaas. Vul de halve stronkjes witlof hiermee op en leg ze in een ovenschaal. Zet ze 20 minuten in een voorverwarmde oven op 180 °C. De laatste 5 minuten kun je nog wat extra walnoten toevoegen.

Ideaal als lunch of bijgerecht

LAMSKROON OPGEVULD MET WITLOF

werk: 25 minuten – gaartijd: 20 minuten

Met lamskroon kun je me altijd een plezier doen. Om de een of andere reden staat het voor gezelligheid. En als het iets meer mag zijn, dan kies ik voor deze speciale bereiding. Deze keer heb ik de lamskroon opgevuld met witlof en pijnboompitten, maar je kunt er ook heerlijke kruidentapenades met champignons in verwerken.

1 LAMSKROON
6 STRONKJES WITLOF
2 EETLEPELS PIJNBOOMPITTEN

BALSAMICOAZIJN
EEN PAAR TAKJES TIJM

Snijd de lamskroon 'en portefeuille' (zie foto en tip). Snijd twee stronkjes witlof fijn en verwijder de harde kern. Bak het witlof samen met de pijnboompitten een 5-tal minuten in olijfolie. Voeg een scheut balsamicoazijn toe, kruid met peper, zout en wat tijm en bak nog eens 2 minuten.
Vul de lamskroon op met het gebakken witlof, vouw hem dicht en bind hem toe. Bruin de lamskroon eerst in de pan in wat boter of kokosolie en laat hem dan nog een 5-tal minuten verder garen in een voorverwarmde oven op 180 °C. Leg er wat takjes tijm bij. Snijd intussen de overige stronkjes witlof in plakjes van 1 centimeter en bak ze beetgaar in wat olijfolie of boter. Kruid met peper en zout.
Verwijder de touwtjes van de lamskroon en snijd het vlees in plakjes. Leg er wat gebakken witlof bij en werk af met de takjes tijm.

Tip: en portefeuille

Leg de lamskroon op een werkvlak met het vlees naar boven. Snijd het vlees langs de ribbetjes los en probeer het dikke stuk vlees dat je lossnijdt nog eens dunner te snijden. Denk daarbij aan een rol die je straks weer kunt oprollen. Werk gewoon rustig, het is echt niet zo moeilijk.

voor op die dagen
dat het wat meer mag zijn

KIP MET WITLOF EN PADDENSTOELEN

werk: 15 minuten – gaartijd: 20 minuten

Dit gerecht maakte ik voor het eerst toen we een huisje huurden in de Ardennen. Na een stevige wandeling is het zalig om een eenvoudig, hartverwarmend gerecht te kunnen serveren waar iedereen van houdt. Witlof stoof ik graag in kokosvet of boter, een stabiel vet met een smaak die heerlijk combineert met witlof en het heel zacht maakt.

2 KIPPENFILETS
6 STRONKJES WITLOF
400 G PADDENSTOELEN

Kleur de kippenfilets in de pan in wat kokosvet of boter, kruid met peper en zout en laat een 10-tal minuten verder garen in de oven op 180 °C. Stoof het witlof in zijn geheel en op een laag vuur in kokosvet of boter, giet er een scheut water bij om gemakkelijker te stoven en zet een deksel op de pan. Snijd intussen de paddenstoelen in schijfjes. Voeg, nadat het witlof een 6-tal minuten heeft gestoofd, de paddenstoelen toe en giet er in een dunne straal wat olijfolie over. Kruid met peper en zout en zet het deksel terug op de pan. Laat nog een 15-tal minuten stoven. Haal de kipfilets uit de oven en laat ze even rusten. Schik intussen de stronkjes witlof met de champignons op de borden. Snijd de kip in plakjes en leg ze tegen de groenten. Werk af met een beetje zwarte peper en fleur de sel.

Een heerlijk gerecht voor op de koude avonden.

WITLOF MET ZALM IN KOKOSMELK

werk: 10 minuten – gaartijd: 20 minuten

Er is niets mis met witlof op de klassieke manier bereid, ik houd ervan, maar het is ook leuk om eens weg te gaan van de vertrouwde paden en heerlijke nieuwe combinaties te ontdekken. Dit gerecht is zo lekker en eenvoudig te bereiden, en iedereen is aangenaam verrast door de heerlijke smakencombinatie. Soms vind je al eens rood witlof in de winkel, een kruising tussen witlof en radicchio. Dat is iets bitterder van smaak. Ik heb voor dit gerecht twee witte en twee rode stronkjes gebruikt. Als ik de kans krijg, zal ik altijd kiezen voor zoveel mogelijk kleur.

2 ZALMFILETS
4 STRONKJES WITLOF (OF 2 WITTE EN 2 RODE)
1 GROTE RODE UI
400 ML KOKOSMELK

2 CM GEMBER
2 KNOFLOOKTEENTJES
KOKOSSCHILFERS (OPTIONEEL, VOOR DE AFWERKING)

Leg de zalmfilets in een ovenschaal. Versnipper de knoflook en de gember, meng ze onder de kokosmelk en giet dit over de vis. Snijd het witlof in ringen van een centimeter en de ui in dunne reepjes. Schik de groenten rond de zalmfilets.
Zet de schaal een 20-tal minuten in een voorverwarmde oven op 180 °C. Strooi er de laatste 10 minuten eventueel nog wat kokosschilfers over. Serveer in een diep bord.

Een heel verrassend, lekker
en mooi gerecht

WITLOF IN HAM

MET KNOLSELDERPUREE EN EEN BOTERSAUSJE VAN NOTEN EN PETERSELIE

werk: 20 minuten – gaartijd: 30 minuten

Ik houd van witlof en wou mijn man eens verrassen met klassieke smaken, maar toch net iets anders. De gebakken ham voegt veel smaak toe en heeft een aangename structuur, zeker in combinatie met het botersausje van noten en peterselie.

3 DIKKE STRONKJES WITLOF
300 G KNOLSELDER
6 PLAKJES RAUWE HAM (BV. SERRANOHAM OF PROSCIUTTO)
50 G GEROOSTERDE HAZELNOTEN
1 DIKKE BUNDEL KRULPETERSELIE

Schil de knolselder en snijd hem in dikke stukken. Stoof ze in wat boter of kokosvet met een scheutje water (dat stooft gemakkelijker) en kruid met peper en zout. Pureer de gare knolselder met een stamper.
Halveer de stronkjes witlof en draai er een plakje ham rond. Doe wat boter of kokosvet in een pan en leg de witlofstronkjes met de ham erin. Stoof ze een 20-tal minuten onder deksel op een middelmatig vuur. Mix intussen de hazelnoten en de peterselie. Smelt wat boter in een pan en stoof de hazelnoten en de peterselie erin. Lepel de knolselderpuree op een groot bord en schik er de witlofstronkjes en de hazelnotensaus bij. Zet op tafel en laat iedereen zich bedienen.

Hier kan ik mijn man altijd een plezier mee doen

spruiten

Zo klein, zo fijn en zo miskend. Die mooie kleine kooltjes die in de bladoksel van de koolplant groeien en waarvan de naam over heel de wereld verwijst naar onze hoofdstad, worden in eigen land niet altijd naar waarde geschat. Brusselspruit in Zuid-Afrika, col de Bruselas in Spanje, of Brussels sprouts in Engeland, waar ze met Kerstmis als een delicatesse worden geserveerd, zijn hier doodgewone spruiten. En daar wil ik wat aan doen. Want wanneer ze met liefde bereid zijn, vertonen ze de mooiste schakeringen van frisse groene kleuren. Daarom heb ik een paar originele recepten met deze dwergkooltjes bedacht die je zullen doen inzien dat spruitjes zeker hun plaats hebben in de gezonde, moderne keuken.

Het is algemeen bekend dat spruitjes goed samengaan met spek, lamsvlees en wild, maar omdat ik altijd op zoek ben naar nieuwe combinaties en smaken, heb ik mijn creativiteit de vrije loop gelaten. Ik heb de spruitjes gecombineerd met scampi, ze op spiesjes gestoken met stukjes kip, ze gegratineerd met kaas en er een caesarsalade van gemaakt. Ik hoop daarmee je verbeelding te prikkelen en je te stimuleren om zelf te experimenteren. Spruitjes bieden daartoe alle mogelijkheden.

Wat je zeker niet mag doen is ze platkoken, want dan verspreiden ze de onaangename spruitjesgeur die ze in het verleden een minder goede reputatie gaf. Persoonlijk vind ik spruitjes het lekkerst als ze beetgaar zijn, dus kort gekookt in wat water met een flinke scheut olijfolie of gewokt.

Echte spruiten hebben een bittere smaak, die te maken heeft met de antioxidanten die ze bevatten en die ze zo gezond maken voor lichaam en geest, maar het is net die smaak die sommigen, en zeker veel kinderen, niet lusten. Bepaalde moderne kweekvormen hebben die bittere smaak verloren, zodat ook kinderen ze lusten, maar zoals altijd kies ik voor het mild bittere origineel.

Waar de originele spruiten vandaan komen is niet zo duidelijk. Koolspruiten zouden al bekend zijn uit de tijd van de Romeinen, die ze van de Middellandse Zeegebieden meebrachten naar onze streken, waar ze sinds de dertiende eeuw vooral gekweekt werden in Brabant, in de buurt van Brussel. Vandaar veroverde de spruit de wereld en het hart van velen.

KIPPENSPIESJES MET SPRUITEN EN PISTACHE

werk: 15 minuten – gaartijd: 15 minuten
voor 9 tot 10 spiesen

Dit gerecht valt in de smaak bij groot en klein. Het is bijzonder lekker, leuk en apart. Het sausje is door de pistachenoten aan de zoete kant. Zeker een sausje om te onthouden, want het past bij heel veel gerechten, ook bij vis.

40 SPRUITEN
2 GROTE KIPFILETS
SOJASAUS

SAUSJE:
EEN HANDVOL PISTACHENOTEN (NATUUR, NIET GEZOUTEN)
1 CITROEN
4 EETLEPELS OLIJFOLIE

Snijd de kipfilets in blokjes, doe er een scheut sojasaus en een scheut olijfolie bij, kruid met peper en zout en zet opzij. Kook de spruiten beetgaar in water met wat olijfolie (ongeveer 2 minuten voor kleine spruiten en 3 minuten voor grote spruiten). Kruid met peper en zout. Steek afwisselend een blokje kip en een spruit op de spiesen. Gril ze op de barbecue of in de oven.

Maak intussen het sausje. Hak de pistachenoten grof en doe ze in een kommetje, voeg de olijfolie, het sap van een halve citroen en wat rasp van citroenschil toe. Serveer de spiesen met het sausje apart.

Wie beweert
dat spruiten saai zijn?

OOSTERSE WOKSCHOTEL MET SPRUITEN EN SCAMPI

werk: 10 minuten – gaartijd: 15 minuten

Geen tijd maar je wilt toch verrassend uitpakken? Deze heerlijke wokschotel maak je in een mum van tijd en hij tovert een glimlach op de gezichten van je tafelgenoten. Spruiten, paddenstoelen en scampi vormen een zalige combinatie.

400 G SPRUITEN
10 SCAMPI
1 WITTE UI
100 G SHIITAKE

SOJASAUS
2 KNOFLOOKTEENTJES
2 CM GEMBER
1 LENTE-UI (VOOR DE AFWERKING)
SESAMZAADJES (VOOR DE AFWERKING)

Halveer de spruiten en kook ze beetgaar in water met een flinke scheut olijfolie, een beetje zout en flink wat peper (2 minuten voor kleine spruiten, 3 minuten voor grote spruiten). Snijd de gember en de knoflook in plakjes, de ui in ringetjes en de shiitake in grote stukken. Stoof de ui, de paddenstoelen, de gember en de knoflook in een flinke scheut olijfolie. Wacht tot de ui glazig is en de shiitake gaar en voeg er dan de spruiten, de scampi en een flinke scheut sojasaus aan toe. Roerbak tot de scampi gaar zijn. Werk af met versnipperde lente-ui en sesamzaadjes.

Een gerecht waar je vrolijk van wordt:
mooie kleuren en volle smaken.

SPRUITENGRATIN

werk: 10 minuten – gaartijd: 15 minuten

Wie net zoals ik houdt van de combinatie spruiten en kaas moet deze gratin zeker ook eens met feta proberen. Dit is een soort basisrecept geworden waar ik op varieer. Soms voeg ik andere groenten of andere kaas toe, naargelang van wat ik in huis heb. Het resultaat is altijd een heerlijke ovenschotel.

500 G SPRUITEN
1 GROTE UI
200 G KAAS: BELEGEN GOUDA, GRUYÈRE...

TIJM (VERSE OF GEDROOGDE)
2 KNOFLOOKTEENTJES

Kook de spruiten beetgaar in wat kokend water met een scheut olijfolie en wat peper en zout (2 minuten voor kleine spruiten, 3 minuten voor grote spruiten). Snijd de ui in dunne ringetjes, versnipper de knoflook en rits de blaadjes van de tijm (indien je verse tijm gebruikt). Voeg alles samen in een ovenschotel en meng met een flinke scheut olijfolie. Rasp de kaas over de schotel en zet hem een 10-tal minuten in een warme oven op 180 °C, of tot de kaas gesmolten is en lichtbruin wordt.

Voor sommigen is dit een bijgerecht,
voor mij een heerlijke lunch. Lekker en snel.

CREËER JE EIGEN WERELD

We leven allemaal in een hectische wereld, waarop we maar een beperkte invloed hebben. Maar we hebben wel een grote invloed op onze eigen kleine wereld. Die kunnen we mooier, warmer en gezelliger maken en dat proces begint met creativiteit. Wetenschappers en kunstenaars zijn het erover eens dat creativiteit de sleutel is tot geluk. Wie creatief is, boetseert zijn eigen stukje realiteit en maakt de wereld mooier. Het is de ideale manier om jezelf te ontplooien en open te bloeien. Die positieve houding straal je ook uit naar de buitenwereld.

Creativiteit is ook voor mij de essentie van mijn bestaan en van mijn geluk.

Ik kan mij geen leven inbeelden zonder keramiek, zonder mooie gerechten op een mooie tafel, zonder bloemen en muziek. Ik wil de wereld mooier maken.

wortelen

Oranjerood als de ondergaande zon. Zo zou ik de mooiste eigenschap van de wortel kunnen omschrijven: de kleur. Die is afkomstig van de plantaardige kleurstof caroteen, een antioxidant dat ook een belangrijke rol speelt bij de kleurverandering van bladeren in de herfst. Bètacaroteen wordt in het lichaam omgezet in vitamine A en wortelen bevatten ook veel vitamine C. Ik wil hier de vele gezondheidsvoordelen van wortelen niet opsommen, de lijst zou te lang zijn, maar wees ervan overtuigd: hoe meer wortelen je eet, hoe beter. Voor de ogen, voor de huid, de darmen en het hart. Ik vond het zalig om met wortelen te experimenteren. Op het eerste gezicht lijken ze saai, maar dat zijn ze allesbehalve, zeker als je durft af te stappen van de bekende bereidingen. Om te beginnen schil of schraap ik wortelen nooit, ik was ze hooguit onder de kraan met een schuursponsje. Dan zoek ik een leuke manier om de groenten te snijden, in lange schijfjes, in slierten of ik laat ze gewoon in hun geheel... als het maar creatief is. En dan de bereiding! Mij zul je geen wortelen zien koken in water, daarmee haal je de smaak en de structuur uit de groenten. Dat geldt trouwens voor vele groenten. Ik maak ze gaar in de oven of op het vuur in een flinke scheut olijfolie waar ik hooguit een beetje water aan toevoeg, eventueel ook kruiden. Op die manier krijgen ze karakter, meer smaak , ze worden knapperig en ook mooier. Sommigen beweren dat groenten weinig smaak hebben, maar dat komt vooral omdat ze worden gekookt in water. Ook vlees en vis zouden geen smaak hebben wanneer je die gewoon kookt in water. Het is door toevoeging van vet, in dit geval olijfolie, dat iets smaak krijgt. Ik zeg het vaak: een vetloze keuken is een smaakloze keuken en ook geen gezonde keuken.

Wortelen bieden veel mogelijkheden. Ik heb er zelfs een volledig menu mee gemaakt.

Ik schil of schraap wortelen nooit,
ik was ze hooguit onder de kraan
met een schuursponsje.

MENU MET WORTELEN

Salade van gare wortelen p. 220

*

Wortelen met rode bieten en curry p. 218

*

Wortel-en-kipburgers p. 216

*

Kip met wortelen en abrikoos p. 230

*

Worteltaart met mascarpone p. 234

Bij het herfstfeestje heb ik dit menu geserveerd.
Het was heel fijn dat ook de vegetariër gezellig kon meedoen.

WORTEL-EN-KIPBURGERS

werk: 15 minuten – gaartijd: 22 minuten – voor 4 burgers

Deze burgers zijn overheerlijk, praktisch en iedereen is er weg van. Ze zijn ook ideaal voor in de lunchbox, want koud zijn ze eveneens bijzonder lekker. Geef je ze als hoofdmaaltijd, serveer er dan groenten bij, zoals op p. 220.

200 G WORTELEN
200 G KIPPENGEHAKT
2 EETLEPELS AMANDELMEEL
1 EETLEPEL RAS EL HANOUT (ZIE TIP P. 186)

Trek de wortelen in dunne slierten (zie tip) en doe ze in een ovenschaal. Giet er flink wat olijfolie over. Hussel alles goed door elkaar zodat elke wortelsliert onder de olijfolie zit en zet ze een 10-tal minuten in een voorverwarmde oven op 180 °C, of tot de wortelen halfgaar zijn.

Doe alles in een grote kom: het gehakt, de ras el hanout, het amandelmeel en de wortelslierten, en kneed met je handen tot alles één geheel vormt. Maak er burgers van en bak ze op een matig vuur ongeveer 6 minuten aan elke kant, of bruin ze kort in de pan en gaar ze verder in de oven.

Tip: dunne slierten van wortelen

Het is belangrijk dat de wortelslierten heel dun zijn zodat ze snel garen. Ik gebruik daarvoor een dunschiller met fijne tandjes. Als de wortelslierten vrij dik zijn, moet je ze langer garen in de oven. Je zult het zelf snel doorhebben als je dit gerecht een keer hebt gemaakt.

Een van de lekkerste kippenburgers.

WORTELEN MET CURRY EN RODE BIETEN

werk: 10 minuten – gaartijd: 10 minuten

400 G WORTELEN
200 G RODE BIET
2 TOMATEN
RODE CURRYPASTA (ZIE TIP)

Snijd de rode bieten in kleine blokjes en stoof ze gaar in flink wat olijfolie of kokosvet. Heb je de rode biet graag helemaal zacht, giet er dan een beetje water bij. Laat de wortelen in hun geheel en kook ze beet- of helemaal gaar, zoals je wenst, in water of wat olijfolie.
Snijd intussen de tomaten in vieren en verwijder het vocht en het zaad. Snijd het vruchtvlees in kleine blokjes en stoof ze in olijfolie tot je een dikke saus krijgt. Voeg een paar lepels currypasta en de rode bieten toe. Laat nog even koken zodat de smaken goed mengen.
Serveer de wortelen met de tomatensaus op een groot bord.

Tip: hoeveel currypasta?

Dat is afhankelijk van de soort currypasta die je hebt gekocht en je persoonlijke smaak. Echte Thaise currypasta is heel sterk, een halve theelepel kan voldoende zijn, terwijl je van westerse currypasta gerust drie eetlepels mag gebruiken. Mijn advies is: ga stap voor stap en proef!

Tip: waarbij serveren?

Deze wortelen kun je overal bij serveren. Ze combineren heerlijk met vlees, maar ook met kaas of een stevig stukje vis.

Dit zijn de smaken waar ik zo van houd: warm en vol, ze maken je echt gelukkig.

SALADE VAN GARE WORTELEN

werk: 5 minuten – gaartijd: 15 minuten

Deze wortelen kun je overal bij serveren: bij vlees-, vis- of kaasgerechten. Ik zet ze meestal in de ovenschaal midden op tafel zodat iedereen zichzelf kan bedienen. Gegarandeerd zijn ze binnen de kortste keren op, dus de boodschap is: maak zeker voldoende klaar!

300 G WORTELEN

GEROOSTERDE SESAMOLIE
SAP VAN 1/2 LIMOEN
6 EETLEPELS SOJASAUS
EEN HANDVOL GEROOSTERDE SESAMZAADJES
20 G VERSE KORIANDER

Trek de wortelen in slierten met een dunschiller en leg ze in een ovenschaal. Giet er een flinke scheut sesamolie over, het limoensap, de sojasaus en de sesamzaadjes. Meng alles goed. Zet een 15-tal minuten in een voorverwarmde oven op 180 °C, of tot de wortelen hier en daar bruin en krokant beginnen te worden. Je kunt de wortelen het best een paar keer omscheppen zodat de bovenkant niet verbrandt en ze gelijk garen. Hak de koriander fijn en meng hem net voor het serveren onder de wortelen.

Je moet het eerst proeven om te beseffen hoe lekker deze eenvoudige wortelen kunnen smaken

WORTELCRACKERS

werk: 10 minuten – gaartijd: 30 minuten

Crackers op basis van zaden en groenten hebben vaak mijn voorkeur. Ze zijn niet alleen bijzonder lekker maar ook gezond. Je kunt ze bovendien overal mee combineren, zoals in het gerecht 'Torentje van paddenstoelen met wortelcracker' (zie p. 117). Ze zijn ook heerlijk bij het ontbijt of gewoon als tussendoortje.

100 G LIJNZAAD
75 G GERASPTE WORTELEN

Doe het lijnzaad in een kommetje en giet er water bij tot het net onderstaat. Laat het een 10-tal minuten weken. Rasp intussen de wortelen in dunne slierten. Het is belangrijk dat ze dun zijn, anders zullen ze niet blijven kleven. Meng het lijnzaad met de geraspte wortelen en een kleine scheut olijfolie. Kruid met peper en zout of de kruiden die je lekker vindt, zoals bijvoorbeeld komijn.

Stort het mengsel uit op een bakplaat bekleed met bakpapier. Wrijf met de bolle kant van een lepel het mengsel zo dun mogelijk uit, zonder dat er gaten zijn. Je kunt er ook een vel bakpapier bovenop leggen en dit mooi platdrukken.

Zet het zadenmengsel in een voorverwarmde oven op 180 °C. Na 20 minuten zou alles mooi aan elkaar moeten kleven en kun je de grote cracker omdraaien. Dit gaat gemakkelijk als je het bakpapier vastpakt, de cracker omgekeerd (en rechtstreeks) op de bakplaat legt en dan het bakpapier er aftrekt. Als het bakpapier niet gemakkelijk loslaat, draai je het weer om en laat je het nog 5 minuten of langer garen. Probeer het dan opnieuw tot het bakpapier gemakkelijk lost. De andere kant moet hooguit 10 minuten garen, zodat deze ook mooi goudbruin wordt. Let wel, iedere oven is anders, check regelmatig. De cracker mag zeker niet te bruin worden, maar moet wel helemaal krokant zijn. Neem rustig je tijd. Breek de grote cracker aan tafel.

veel te lekker! Eet ze als chips of als toastje (zie p. 117).

GEBAKKEN WORTELEN

MET SPINAZIE, FETA EN GEKARAMELLISEERDE WALNOTEN

werk: 15 minuten – gaartijd: 15 minuten

Dit is een van mijn lievelingsrecepten. Eenvoudige, pure smaken. Om de een of andere reden doet dit me aan mijn kindertijd denken, wellicht omdat wortelen vaak op het menu stonden vanwege hun zoete smaak.

4 DIKKE WORTELEN
200 G SPINAZIE
200 G FETA

EEN HANDVOL WALNOTEN
EEN HANDVOL RUCOLA
EEN EETLEPEL KOMIJNZAADJES
BALSAMICOAZIJN (ZIE TIP)

Snijd de wortelen schuin in dunne plakjes. Stoof ze een 5-tal minuten onder deksel in flink wat olijfolie met de komijnzaadjes en een scheutje water. Roer regelmatig maar wel voorzichtig, zodat de plakjes niet breken. Voeg de spinazie toe en laat slinken. Verhit in een andere pan een scheut olijfolie en een flinke scheut balsamicoazijn, voeg de walnoten toe en roerbak tot de balsamico stroperig begint te worden. Haal de pan van het vuur en blijf regelmatig roeren. Bij het afkoelen stijft de balsamico nog meer op.
Roer net voor het opdienen de rucola onder de groenten. Schik de groenten in een diep bord en breek er de feta over. Werk af met de gekaramelliseerde noten.

Tip: balsamicoazijn
Gebruik kwalitatieve balsamicoazijn, die is vaak al wat dikker dan de goedkope.

Zoete wortelen met zoute feta en krokante noten, een heerlijke combinatie.

WORTELEN MET CHAMPIGNONS IN KAASSAUS MET EEN KAASKOEKJE

werk: 17 minuten – gaartijd: 20 minuten

Het valt me op dat ik vaak op zoek ben naar smeuïge gerechten. Die maken me op de een of andere manier gelukkig. Dat soort gerechten heeft iets gezelligs, zeker dit gerecht. Het kaaskoekje met pijnboompitten zul je ongetwijfeld nog klaarmaken, het is ook ideaal bij het aperitief. Gebruik geen droge parmezaan, want die smelt niet en blijft brokkelig. Mocht dat toch gebeuren, dan kun je het koekje als een crumble over het gerecht strooien, het zal even lekker zijn.

500 G WORTELEN
400 G GEMENGDE PADDENSTOELEN
25 CL ROOM
4 EETLEPELS GERASPTE JONGE PARMEZAANSE KAAS

KAASKOEKJE:
40 G PIJNBOOMPITTEN
20 G GERASPTE PARMEZAANSE KAAS

BOTERPAPIER

Hak de pijnboompitten grof met een mes en meng ze goed met de parmezaan. Strijk dit mengsel uit op een bakplaat bedekt met boterpapier en zet het een 10-tal minuten in een voorverwarmde oven op 180 °C, of tot de kaas gesmolten is en de pijnboompitten lichtbruin gekleurd zijn. (Let op, gaartijden kunnen verschillen van oven tot oven.) Check regelmatig: de pijnboompitten moeten lichtbruin zijn, niet donkerbruin.

Snijd de wortelen met een dunschiller in slierten en kook ze 1 minuut in water met wat zout en een scheut olijfolie. Haal ze eruit en laat ze uitlekken. Snijd de paddenstoelen grof en bak ze aan in flink wat olijfolie. Kruid met peper en zout. Voeg de room en de parmezaan toe en laat even inkoken. Laat tot slot de wortelslierten nog even meekoken. Serveer met de in stukken gebroken kaaskoekjes.

Het krokante kaaskoekje is
heerlijk bij dit smeuïge gerecht

KIP MET WORTELEN EN GEDROOGDE ABRIKOZEN

werk: 15 minuten – gaartijd: 20 minuten

Het meest verrassende aan dit gerecht is dat het is gekookt in wortelsap, in eigen nat zou je kunnen zeggen. Dat geeft een intense en pure smaak aan het gerecht. Wie geen sapcentrifuge heeft, kan ook wortelsap kopen. Kaneel en abrikozen maken dit gerecht bijzonder warm. Ik gebruik niet zo vaak fruit in gerechten, omdat ik eenvoudige combinaties nastreef, maar af en toe zijn er van die gerechten waarbij de smaken toch perfect samenvallen, zoals hier.

2 KIPPENBORSTEN
800 G WORTELEN
4 GEDROOGDE ABRIKOZEN
3 MIDDELGROTE RODE UIEN

2 CM GEMBER
1 THEELEPEL KURKUMAPOEDER (OF 2 CM VERSE)
2 KANEELSTOKJES

Hak de gember en de eventuele verse kurkuma fijn. Haal 500 gram wortelen door de sapcentrifuge en snijd de overige 300 gram in grote stukken. Giet het sap in een diepe pan en voeg de kruiden toe: gember, kurkuma, zwarte peper, de kaneelstokjes en ook de volledige abrikozen. Kook hierin de wortelen gaar.
Snijd intussen de kipfilets in dunne plakjes en laat ze de laatste 5 minuten meekoken, of tot ze gaar zijn. Voeg eventueel een beetje water toe als er te weinig vocht is. Serveer in diepe borden.

Het sausje is ingekookt wortelsap met kruiden en abrikoos. Zo verrassend lekker!

LAMSZADEL MET WORTEL EN SAVOOIKOOL

werk: 20 minuten – gaartijd: 90 minuten

Veel vlees eet ik niet, maar lamsvlees blijft een van mijn favorieten. Bovendien maak ik een lamsovenschotel vaak klaar als ik gasten heb, waardoor ik lamsvlees associeer met 'veel volk in huis'. Wees gerust, er is niet veel werk aan dit recept. Neem vooral de tijd om te genieten van de heerlijke geuren en om gezellig bij je gasten te zijn.

400 G WORTELEN
1/2 KLEINE SAVOOIKOOL
1 LAMSZADEL VOOR 2 PERSONEN, ONTBEEND EN OPGEBONDEN

SOJASAUS
3 TAKJES ROZEMARIJN

Snijd de wortelen in grote stukken. Halveer de savooikool en halveer het nieuwe stuk telkens weer. Snijd daarbij iedere keer door de stam, zodat de bladeren mooi aan elkaar blijven zitten. Schik de groenten in een ovenschaal en kruid met peper, zout en de takjes rozemarijn. Giet een stevige scheut olijfolie en sojasaus over de groenten. Hussel alles voorzichtig door elkaar zodat de groenten goed onder de saus zitten. Dek de schaal af met drie grote vellen aluminiumfolie. Zorg ervoor dat de aluminiumfolie strak om de schaal zit, zodat het kookvocht erin blijft. Zet de schaal 60 minuten in een voorverwarmde oven op 180 °C. Braad het vlees in een pan met wat olijfolie. Zodra het aan alle kanten gekleurd is, draai je het vuur uit. Bedek het vlees en laat het rusten. Zet het eventueel in de ijskast als er veel tijd is tot de volgende bereiding.

Als je gezelschap is aangekomen:
Open de ovenschaal met groenten (verwijder voorzichtig de aluminiumfolie) en leg het vlees in het midden. Giet het braadvocht over het vlees en kruid met peper en zout. Sluit alles weer mooi af en zet de schaal nog eens 30 minuten in de oven op 180 °C (zie tip). Haal de schaal uit de oven en laat 10 minuten rusten. Verwijder de aluminiumfolie, snijd het vlees in stukken en leg het weer op de groenten. Serveer.

Tip: gaartijd lamszadel

Lamszadel hoeft niet heel lang in de oven (25 à 30 minuten voor 500 gram), maar denk eraan: hoe groter het lamszadel, hoe langer in de oven.

WORTELTAART MET MASCARPONE

werk: 15 minuten – gaartijd: 30 minuten – voor 5/6 personen

200 G WORTELEN
100 G AMANDELMEEL
50 G WALNOTEN
50 G GERASPTE KOKOS
50 G GEDROOGDE ABRIKOZEN
50 G KOKOSBLOESEMSUIKER OF ANDERE SUIKER
4 EIEREN
EEN BEETJE KANEELPOEDER
250 G MASCARPONE (VOOR DE AFWERKING)

Hak de walnoten en de abrikozen grof. Rasp de wortelen fijn (zie tip). Giet een flinke scheut olijfolie in een kom en meng er de suiker onder. Roer goed. Meng er de eieren onder en dan de rest van de ingrediënten. Werk af met wat kaneelpoeder. Neem een mooie bakvorm of gebruik een ovenschaal en leg daar een vel bakpapier in. Stort het deeg erin en zet de taart 25 minuten in een voorverwarmde oven op 180 °C. Serveer de cake met wat mascarpone, heerlijk!

Tip: wortelen raspen

Het is belangrijk om de wortelen in hele dunne slierten te raspen. Ik gebruik hiervoor een dunschiller met fijne tandjes. Als ze te dik zijn, krijg je de wortelen nooit gaar tijdens het bakken. Een alternatief is dat je de geraspte wortelen eerst een 7-tal minuten stooft in wat olijfolie alvorens ze te verwerken in de taart.

Tip: bakpapier

Ik werk graag met bakpapier, dan kan ik taarten of cakes in een originele ovenschaal klaarmaken, wat ik veel mooier presenteren vind dan een saaie cake- of taartvorm. Bovendien kun je het gebak er zo gemakkelijk uithalen, mocht je dat toch willen.

Receptenindex

Ingrediëntenindex

Ben je op zoek naar motivatie?
De persoonlijke verhalen in *Openhartig over eten* zullen je motiveren en stimuleren. Het zijn bijzonder warmhartige getuigenissen van mensen die aan de slag zijn gegaan met deze manier van eten. Over de kracht van 'natuurlijke voeding' en de invloed ervan op hun leven.

www.lannoo.be
www.purepascale.com

Hebt u een fijne ervaring met deze manier van eten, laat het ons dan zeker weten.
Surf naar bovenstaande website en stuur ons een berichtje via contact.
Meer verhalen leest u bij 'getuigenissen'. Samen staan we sterk!

RECEPTEN, TEKSTEN, STYLING EN CONCEPT: Pascale Naessens
FOTOGRAFIE: Roos Mestdagh, Diego Franssens, Wout Hendrickx, Ramon de Llano
VORMGEVING: Kris Torfs - Gemex Publishing bvba

De ideeën en recepten in dit boek dienen als inspiratiebron en als onderdeel van een gevarieerd menu voor gezonde mensen. Wie ziek is, moet te allen tijde een dokter of deskundige raadplegen. De informatie in dit boek is niet bruikbaar ter genezing of vervanging van welke medische behandeling dan ook.

Als u opmerkingen of vragen hebt, dan kunt u contact opnemen met onze redactie:
redactielifestyle@lannoo.com

D/2017/45/601 - NUR 440-441
ISBN: 978 94 014 4394 4